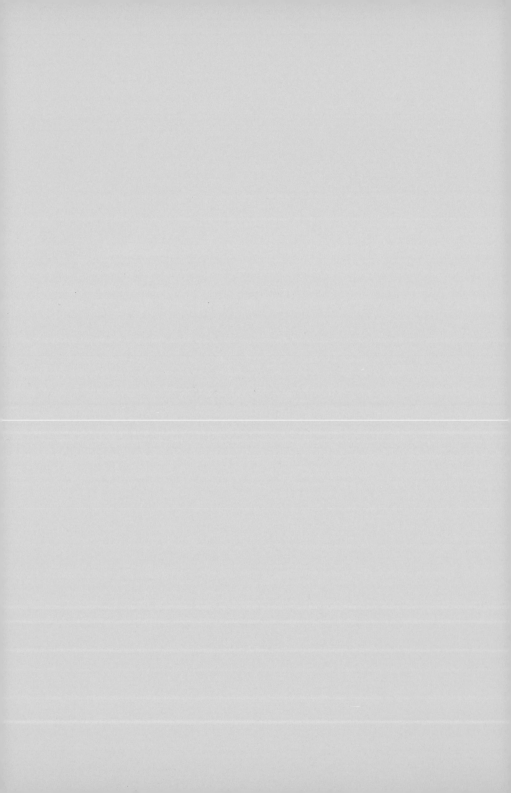

애드센스 바이블 - 한권으로 끝내는 애드센스

발　행 | 2022년 06월 09일
저　자 | 바루다
펴낸이 | 한건희
펴낸곳 | 주식회사 부크크
출판사등록 | 2014.07.15.(제2014-16호)
주　소 | 서울특별시 금천구 가산디지털1로 119 SK트윈타워 A동 305호
전　화 | 1670-8316
이메일 | info@bookk.co.kr

ISBN | 979-11-372-8524-8

애드센스 바이블

한권으로 끝내는 애드센스

바루다 지음

CONTENT

1. 블로그 시작하기

2. 애드센스 무조건 100% 승인 받는 필승법

3. 블로그 방문자수 늘리기

- 다음에서 키워드 뽑기
- 줌에서 키워드 뽑기
- 티스토리 포럼에서 방문자 유입하기 방법
- 네이버 지식인에서 방문자 유입하기 방법
- 다음에서 상위노출 시키기

4. 티스토리 블로그 다음 최적화 진행하기

5. 티스토리 블로그 저품질이 오는 행동들

6. 애드센스 수익화를 위한 PIN번호 발급 받기

7. 사이트 등록하기

- 네이버 사이트 등록하기
- 줌 사이트 등록하기

8. 구글에서 좋아하는 글쓰기

- 사진 삽입시 alt 태그
- 구글 SEO 방식 글쓰기

9. 저품질이 와도 버티는 철옹성 블로그 만들기

- Google Search Console Sitemaps와 rss 등록하기
- 구글에 내 블로그가 노출되는지 확인하기
- Google Search Console을 활용하여 블로그 건강체크 하기
- 블로그 구글색인 누락 체크하기 및 누락된 색인강제 신청하기
- 블로그 트래픽대비 계속 0원이라면? 문제 해결하기 방법

10. 애드고시 한번으로 승인 블로그 무한생성하기
- 2차도메인 만들기

11. 애드센스 승인거절시 대응방안
- 승인실패를 승인성공으로 100% 치환하는 방법

12. 수익상승을 위한 방법 실전편
- 티스토리 서식을 활용한 수동광고 코드 넣기
- 단가 낮은 광고 차단으로 광고 최적화 하기
- 하나의 포스팅으로 수익 3배로 늘리기 방법

13. 1일 1포스팅의 의미와 중요성

- 수익형 블로그 롱런을 위한 트레이닝
- 검색엔진 로직에게 눈도장 찍기
- 마인드 컨트롤
- 나는 블로그에 글을 쓰고 구글에서 매일 광고비를 받기로 했다.

1. 블로그 시작하기

- 왜 티스토리인가?

처음 블로그를 시작할 때 선택했던 플렛폼은 네이버블로그 였다.
특별한 이유는 없었지만 주변의 모든사람들이 네이버블로그를 이용하였고 네이버가 가장 유명 하고 익숙한 플렛폼 이었기 때문이다.

특별한 목적을 가지고 운영을 하지 않았고 블로그에 대한 개념도 없었던 때에는 개인적으로 공부를 하는 내용을 정리하는 용도로만 블로그 포스팅을 하였기 때문에 꽤 오랜시간 블로그를 운영했음에도 매일 방문자 수는 한자리 수 였다.

과거 운영했던 경험을 되돌아 보니 보여주기 위한 글이 아닌 보관하기 위한 글만을 썼던 것 같다.

물론 글쓰기 능력도 많이 부족 했다. 때문에 글을 쓰는것에 대해서 고통스러웠고 굳이 당장 성과가 없는 글쓰기에 노력하기엔 내 자신이 너무나 게을렀다.

네이버 블로그를 잊고 있던 20년 10월 어느날 지인이 네이버 블로그에 애드포스트를 신청하여 개인블로그에 광고가 달려 있는 것을 보고 신선한 충격으로 다가왔다. 동시에 심장이 두근거렸다.

지금까지 블로그란 보여주기 위한 글보다는 보관하기 위한 글과 공부한 내용을 정리하는 용도로만 생각해왔고 이미 유명한 인플루언서나 파워블로그(현재에는 파워블로그 개념이 사라졌다.) 인 사람들만의 전유물로만 여겨왔기 때문이다.

생각보다 블로그로 수익을 창출하는 분들이 많았고 책도 많이 시중에 유통되고 있었다.

다시 블로그를 제대로 시작해기로 마음먹고 여러 블로그 관련 책을 구매하여 읽어보았고, 빠르게 지식을 습득하고 싶은 마음과 무언가 뾰족한 노하우가 있지 않을까? 하는 기대감에 크몽을 통해 애드센스 관련 전자책도 몇권 구매하여 읽어 보았다.

처음 블로그를 시작했을때가 12년전이었으니 10년이면 강산도 변한다는 세월인 만큼 많이 늦었다고 판단했지만 오히려 코로나 시국이 진행된지 2년이 넘어가고 있는 지금 언택트가 당연시 되는 지금 온택트로 변화되고 있는 지금이야 말로 블로그는 블루오션이라 확신하였다.

블루오션인 것을 알았는데 시작하지 않은 이유가 없었다.
때마침 유튜브등을 검색해보던 20년 9월 구글 애드센스 대란
이라는 자극적인 영상이 넘쳐 났고 처음 티스토리 라는 블로그
를 인지하였다.

네이버에 광고가 달리는 것만으로도 신선한 충격이었다면 단가
가 매우 낮다는 것은 실망스러운 점으로 다가왔다.
네이버 블로그의 광고 플랫폼인 애드포스트 역시 승인을 받는
것도 꽤나 까다로운데 내가 노력한 대비 성과가 나올까? 하는
걱정이 앞섰다.
분명한건 네이버블로그와 티스토리의 색은 확연히 차이가 났다
는 것.

걱정스러운 마음에 유튜브에서 네이버블로그로 이미 많은 수익
을 내고 있다는 유튜버들의 강의 영상을 보았고 전문 서적도
몇권 읽어보았다.

결론은 네이버블로그는 자체 광고플랫폼인 애드포스트 자체로
수익을 창출 하기 보다는 업체와의 직접적인 컨텍등을 통해 제
품을 협찬 받고 리뷰글을 서주거나 광고글을 게시해주는 등 여
러 마케팅적인 측면에서 수익을 창출 하였다.

반면에 티스토리는 업체와의 컨텍과 마케팅적인 측면에서 접근
하기 보다는 순수하게 글을 쓰고 포스팅을 발행하고 조회수와
광고배너 클릭에 대한 수익이 주류를 이루는 시스템이 이었다.
순수하게 글을 쓰고 블로그의 본질적인 글쓰기만으로 많은 수
익을 창출 하는 시스템 자체가 참 매력적으로 다가왔다.

물론 설마 구글이 전 세계인을 상대로 사기라도 치겠나? 하는 구글에 대한 맹목적인 믿음도 한몫했다.

네이버의 애드포스트 역시 광고배너를 클릭하면 수익이 창출되지만 그 수익금이 너무도 미비했다. 많은 자료를 보고 결론을 내린 것은 티스토리의 구글 애드센스 광고 배너와 비교한다면 10배이상 수익금이 차이가 난다는 것이었다. 네이버블로그를 할것인지 티스토리 블로그를 할 것인지 고민할 필요가 없었다. 방향성이 정해졌으니 벌써 월 100만원 수익이라도 얻는 것마냥 들떠버렸다.
이 심장은 왜이렇게 설레발인지 심장이 아프다.

그렇게 티스토리를 처음 시작하던 날 이미 애드센스 승인을 성공했고 부수입으로 매달 100만원씩 추가로 벌어들이고 드림카였던 머스탱을 타고 다니는 행복한 상상을 했다.
이 설레발 치는 감정 그냥 받아들이기로 했다.

적을 알고 나를 알면 백전백승! 블로그 플랫폼으로 티스토리에 정착을 결정하고 나선 티스토리에 대해서 본격적으로 공부하기 시작했다.

1년전과 같이 어영부영 시작했다가 어영부영 끝이 나는 것만은 피하고 싶었다.

수익화에 실패를 하더라도 끝까지 가지고 가서 결국엔 수익창출을 시키면 성공을 위한 과정이 되는 것이니 말이다.

티스토리에 대해서 공부를 하며 즐겨찾기를 해놓고 자주 보던 유튜버 두명이 있다.

제일 유명한 "리뷰해주는 남자 리남", 일할때는 100달러 잠잘 때는 200달러 라는 문구로 상상력을 자극하는 "이사양잡스" 등 두 유명 전업 블로거 유튜브를 구독과 알람을 신청해놓고 처음 영상부터 차분히 시청하였다.

분명한건 당장에 수익을 창출 할 수 있는 수익 노하우 등은 알려주지 않고 있지만 정확히 기본에 충실하여 애드센스라는 바다에서 고기를 잡아주는 것이 아닌 고기를 잡는 법을 알려주고 있는 사실이다.

이중 리뷰해주는 남자 리남 님의 블로그에 글만 썼는데 월 1000만원 벌고 있다. 충분히 블로그 글쓰기로 전업이 가능하다 등의 설명과 함께 수익 인증을 하는 화면을 보며 마이바흐를 타는 꿈을 꾸었다.

- 부업을 하기로 했다면 블로그로 시작하자.

코로나가 발생한지 벌써 2년이다.
19년 12월 쯤 본격적으로 코로나가 확산되면서 시간이 꽤 흘렀다.
솔직히 코로나라는 신종 호흡기 질병이 이렇게 오랜시간 유지 될줄은 정말 상상도 못했다.

과거에 사스, 신종플루, 메르스 등 주기적으로 호흡기 질환 관련하여 무서운 병이 휘몰아쳤지만 한국은 언제나 잘 방어하였고 세계에서 가장 안전한 안전지대였다.
처음 코로나가 발생 하였을때에도 길어야 2달뒤엔 다 없어지겠지 생각했었다. 물론 큰 오산이었다.

대구를 시작으로 여러 곳에서 코로나가 확산 되었고 그렇게 꾸준히 이어져 오고 있는 상황이다.
인간은 적응의 동물이라고 했던가 코로나로 무방비 상태로 당하는 것이 아닌 2년 사이 코로나 백신이 개발되어 시중으로 나왔다.
다행히도 국가적으로 전국민을 대상으로 무료로 코로나 백신을 접종을 진행하면서 전국민 70% 이상의 접종률을 보이고 있다.

이미 영국 등 유럽선진국들에서는 위드코로나를 진행하려고 하고 있다고 한다.
물론 우리나라 역시 11월부터 위드코로나를 시행하려 준비했으나 아직까지는 하루 2000명 이상의 확진자가 나오면서 아직

결정이 안나고 있는 상황인 듯 싶다.

코로나로 인해 전세계적으로 참 많은 것들이 변했다.
밖을 나갈때에는 반드시 마스크를 착용해야 하고 밤 10시 이후
로는 식당이나 카페등에서 음식물을 섭취할 수 도 없다.
처음 직장을 다닐때부터 꽤 오랜시간 나를 괴롭혔던 퇴근 후
회식자리와 술자리등은 당연하게 없어졌다.

그렇게 2년이란 시간이 지났으니 이젠 퇴근 후 회식을 한다고
하면 참 어색할 것 같다.
물론 5인 이상 식당에서 모여서 식사를 하는 것 역시 금지 되
어 지인들과 시끌벅적하게 모여본것도 언제적인지 가물가물 하
다.

그렇게 세계는 산업혁명의 톱니바퀴를 돌리고 정보화혁명으로
거대한 톱니바퀴를 돌려 세상을 변화 시켰고 코로나는 다시 한
번 세상을 어울림 세상에서 언택트 세상으로 바꾸어 버렸다.

언택트 세상이 되면서 많은 자영업자들은 직격탄을 맞았다고
한다.
아이러니하게도 직격탄을 맞은 업종이 있는가 반면에 오히려
호황기를 맞은 업종들도 많이 있다.

전에 다니던 직장은 화장품 회사 였는데 전 직장 동료에게 들
은바에 의하면 코로나로 인해 사람들이 화장을 잘 안하면서 직
격탄을 맞았다고 한다.
때문에 매출이 반토막이하로 나버리면서 회사 자체가 2년사이
휘청거리고 있다는 소식을 들었다.

그나마 다행인건 기초화장품 전문회사였기 때문에 아직은 버티고 있다고 했다.

주변에 색조화장품을 전문으로 제조하는 회사들은 하나둘씩 문들 닫고 있다고 했다.
같은 업종에서도 이렇게 희비가 엇갈리는가 싶다.

반대로 식품회사와 밀키트 제품을 취급하거나 배달식품등을 취급하는 회사는 역대급의 황금기를 누리고 있다고 한다.
이에 발 맞추어 음식 배달대행 업체 역시 대 호황기를 이루며 오히려 일손이 부족한 아이러니 한 상황이 생겼다.

코로나가 가져온 혼란스러운 언택트 세상에서 힘든 것은 자영업자는 물론 취업준비생에게 있어서도 울상인 상황이다. 대면하기를 꺼려하는 상황에서 안그래도 좁은 면접장 입구는 더욱 좁아진 탓 이다.
물론 언택트 시대가 정착되면서 줌을 통한 화상면접이 활성화되면서 다시 취업시장이 활발해지는 조짐을 보이고 있기는 하다.

다행히도 코로나가 확산되기 이전에 호황을 누리고 있는 업종에서 회사를 다니고 있지만 어느순간 직장만 믿고 있다가는 큰 코 다칠 것 같은 불길한 예감이 들었다.
회사는 이익을 위해 존재하는 집단인 만큼 회사가 나를 지켜주지는 못할 것이리라.

회사가 나를 지켜주지 못하더라도 스스로 어려움을 헤쳐나갈 무기가 필요했다.

소나기가 내리고 있는 상황에 회사라는 처마가 있는 마루에 앉아 자금이 필요 없이 나의 노력과 시간으로 무기를 만들 수 있는 것 바로 블로그 였다.
블로그를 하면서 참 많은 것들이 변했다.

매일 글을 쓰기 위해 기사를 읽었고 방대한 인풋이 있어야 질 좋은 아웃풋이 나온다는 생각으로 많은 책을 읽었다.
블로그를 꽤 성장시키고 나서 과거에 블로그에 처음으로 포스팅을 한 글을 읽어보았다. 지금보니 참 형편없고 재미도 없는 오글거리는 글 뿐인 듯 싶다.

하지만 딱히 지우고 싶지도 않다. 개구리 올챙이적 기억못하는 사람이 되기 싫었다.
사람은 흔히들 지식의 저주에 빠져 산다.
때문에 어떤 사람은 자신감이 없이 내가 이정도 아는 것은 누구나 아는 사실 일거야 하고 자포자기 하거나 어떤사람은 자만에 빠져 우쭐되는 꼴볼견 없는 사람이 되거나 할 것이다.

분명한건 그 누구보다 나자신에 대해서 먼저 분석을 완벽하게 했을 때 비로소 괜찮은 결과물을 탄생시킨다는 것이다.

주기적으로 초창기에 썼던 글을 보면서 다짐한다.
내가 만약 누군가에게 조언을 해줄 수 있는 상황이 온다면 이미 다 알거라 착각속에 빠져 이해도 안가는 용어를 설명하며 우쭐되지 않는 사람이 되기를... 언제나 초보자의 입장에 서서 갑갑함을 뻥 뚫어줄 수 있는 조언자가 되기를.. 하고 말이다.

코로나는 언택트 시대를 앞당겨 왔지만 이는 아이러니하게도 온택트 세상을 10년은 앞당겨 버렸다.
거대한 세상의 톱니바퀴가 계속해서 돌고 있다.
이로 인해 거대한 소용돌이와 태풍이 생겼고 우리는 이 혼란에
휩쓸리지 않기 위해 부단히 노력해야 한다.

현재는 인스타그램 틱톡등의 sns가 세상을 지배하지만 돌이켜
보면 세이클럽, 버디버디, 싸이월드 등등의 sns가 이미 주름잡
던 때도 있었다.
sns의 특성상 새로운 기능이 있는 sns가 탄생하면 사용자가
이동하며 자연스럽게 시장에서 없어지는 순환구조가 이어지고
있다.
그시절 싸이월드가 서비스 종료를 하게 될거라고는 그 누구도
상상하지 못했으리라.

페이스북과 트위터 등이 세상을 주름잡으며 최강의 자리에서
현재까지 이어져 오고 있지만 현재에는 사실상 페이스북과 트
위터도 뒷전 지금은 인스타그램과 틱톡이 최고의 sns로 군림하
고 있는 실정이다.

신기하게도 세이클럽, 버디버디, 싸이월드가 최고였던 그때부터
지금까지도 굳건히 자신의 자리를 지키고 있는 것이 있다.
그렇다 바로 블로그.

블로그는 sns이면서도 짧게 소통하는 기존의 sns와는 다르게
방대한 양의 글과 정보를 기록하며 느리지만 거대하게 오랜시
간 우리 곁에 존재해왔다.
누군가는 말한다 블로그 이미 선점하고 있는 사람들이 많아서
레드오션중의 레드오션이라고 말이다.

분명한건 레드오션 속에서도 틈새는 있다.

어쩌면 코로나로 인해 회사가 평생 나를 지켜 줄 수 없다. 회사만 믿고 있어서는 안된다는 불안감을 극복하기 위해 나 자신을 브랜딩해야하는 퍼스널브랜딩이 필수 인 현재에 블로그는 웹상에서 나를 지켜줄 집. 즉 퍼스널 브랜딩의 베이스캠프 라고 할 수 있다.

블로그를 첫 수익파이프라인으로 정하고 나서 매일 글을 쓰다보니 많은 구독자가 모였고, 글쓰기에 자신감이 붙었다.
솔직히 내가 글을 잘쓰는지는 모르겠다. 또한 많은 사람들이 호응해주는 맛에 글을 쓰기도 한다.
이러한 경험들은 좋은 자극제가 되었다. 핫식스나 박카스보다 효과가 좋은 피로 회복제이다. 바로 성취감.

매일 글을 쓰다보니 첫 에세이를 쓰게 되었고 출판까지 하게 되었다.
그렇게 난 블로그 글쓰기를 하다가 작가가 되었다.
작가가 되어 첫 번째 책을 펴내보니 또다른 자신감이 붙었다.

드디어 그동안 다짐했던 어느정도 성장길에 올랐을 때 완전 처음 시작하는 생 초보자의 입장에 서서 함께 이끌어 줄 수 있는 글을 써보기 위해 시작된 애드센스 노하우 전자책쓰기가 완성되어 꽤 많은 분들에게 무료로 전자책을 배포하였고 반응이 너무 좋았다.

초보자의 입장에서 쓴 애드센스 노하우 전자책 무료 배포는 많은 사람들을 모았고 좀 더 전문적인 노하우를 전자책으로 만들어 크몽에서 판매를 하였다.

이 역시 다행히도 많은 분들이 애드센스 블로그를 운영하면서 답답함이 해소 되었다는 독자분들의 연락이 마음이 뭉클한 듯 하다.

거창하지 않게 시작한 블로그는 작가라고 지인들에게 말할 수 있게 되었고 이로 인해 네이버에서 필자의 이름을 검색하면 직업이 작가라고 나오는 기적같은 일이 펼쳐졌다. 또한 전자책 집필을 하여 부수입을 얻게 해주었고, 꽤 많은 팬들이 생긴 것은 덤이라고 할 수 있다.

- 세계 최고의 유통공룡 아마존은 서점으로 시작했다.

90년대 이후 2000년대까지도 세계를 주름잡던 세계 최고의 IT 기업 마이크로 소프트, 그 이후 검색엔진 기반의 구글이 세계를 주름 잡았다. 2010년도에 들어서서 애플이 스마트폰을 세상에 공개하면서 애플은 세계 최고의 기업이 되었다. 그 이후 소셜네트워크를 기반으로 한 페이스북이 세계를 주름잡으며 애플, 구글, 페이스북 등이 세계 최고의 기업으로서 제 4차 정보화 산업을 이끌어 갔다.

여러 기업들이 혁신적인 아이디어와 기술력으로 세계를 제패하고 있을 때 94년도부터 묵묵히 글쓰기를 무기로 조금씩 성장하고 있는 기업이 있었다.
바로 아마존, 아마존 하면 무엇이 생각나는가?
브라질쪽에 있다던 아마존숲의 여전사들? 아니다. 바로 온라인 서점 아마존이다.

지금은 세계 최고의 온라인 유통 기업으로서 아마존의 창립자인 제프 베이조스는 아마존을 세계 최고의 기업으로 성장 시키고 세계 최고의 부자반열에 올랐다.

어떻게 온라인 서점으로 시작해서 세계 최고의 기업으로 성장할 수 있었을까?
아마존의 성장 비결을 들어보면 아마존에서는 보고를 할때에 프레젠테이션을 금지하였다고 한다.
대신 보고를 할 때 간단하게 문서 몇장으로 화려한 도형과 디자인을 없애고 순수히 문자로만 보고 자료를 만들어서 발표를 하도록 하게 했다고 한다.

대신 회의가 시작 되기 전에 발표자의 보고자료를 인쇄하여 나
눠주고는 미리 읽어보도록 했다고 한다.
이 후 회의에 참석하여 본격적으로 텍스트 기반의 보고서를 보
고하고 자유롭게 토론을 진행하며 성과를 이끌어 냈다고 한다.

그렇다 아마존은 어느 기업보다도 글쓰기의 중요성에 대해서
잘 아는 기업이었다고 할 수 있다.

최근 국내의 대기업군을 기준으로도 보고시 프레젠테이션을 지
양하고 워드 문서만으로 보고를 하거나 엑셀로 보고 자료를 만
들어서 텍스트 기반의 발표자료를 만드는 것을 추구 하고 있는
걸 보면 이젠 텍스트 기반의 보고는 세계적인 트렌드라고 할
수 있다.

- 블로그로 돈벌기 전문가나 하는거 아닌가?

글쓰기에 있어서 프로와 아마추어간의 차이점은 분명히 존재한다.
하지만 첫술에 배부를수 없다고 했다. 글쓰기를 잘하는 사람도 글쓰기를 업으로 삼고 있는 작가분들도 태어나자 마자 글을 잘 쓰지는 않았을 것이다.
물론 타고난 사람도 있겠지만 그 역시 아무런 배경지식이 없이 처음부터 잘쓰지는 않았을 것이다.

처음부터 거창하게 월 100만원씩 부수입으로 벌어들여야지!
나는 전업 블로거가 되어서 매달 300만원 이상씩 벌어들일거야!
하는 식의 대단한 계획을 세우고 나면 하루 이틀은 열정에 불타오를 수 있다. 하지만 결코 3일을 넘기지는 못 할 것이라 확신한다.
괜히 작심삼일이란 밀이 있는게 아닌 듯 싶디.

예를 들어 아파트 계단을 오른다고 했을 때 10층으로 가야한다면 당연히 한번에 1층에서 10층으로 올라가는 방법을 찾는 사람은 없다.
유튜브에서 이미 블로그를 정점으로 끌어올려 누구나 시작과 동시에 할 수 있어요! 라고 하는 유명 블로거들도 분명히 존재한다.
하지만 블로그를 시작하는 10명 중 10명이 모두 즉시 성공적인 성과를 내는 것은 로또 당첨 확률보다 낮다.

참 다행인건 로또 1등 당첨 확률보단 블로그로 구글에서 매일 수익을 창출 하는 것이 확률은 아이러니하게도 높다고 할 수 있다.

한계단씩 차분히 오르다보면 언젠간 모두가 성공할 수 있다는 말이다.

물론 몇 달만에 수익을 내는 사람이 있을 수도 있지만 몇 년이 걸리는 사람도 있을 것이다. 분명한건 차분히 계단을 오르다보면 언젠간 목적지에 도착 한다는 점이다.

- 네이버 블로그와 티스토리 비교

네이버블로그의 운영회사는 말그대로 네이버 이다.
네이버는 자체 광고시스템인 애드포스트만 광고를 신청할 수 있는 폐쇄형
블로그 이다. 하지만 네이버가 국내에서 검색 점유율을 차지하고 있는 비율을 본다면 이해는 가능 상황이다.

이전의 네이버가 국내 검색 점유율 90%, 구글이 1%, 다음, 줌, 야후 등이 나머지 10%의 검색 점유율을 양분하고 있었다.
물론 최근 21년도를 기준으로 본다면 야후는 국내에서 철수를 하며 서비스르 종료하였고, 구글의 검색점유율은 30%까지 올라가는 기염을 토했다.
물론 다음은 7%, 네이버는 60%의 점유율을 차지하고 있다.

다음이 차지하고 있는 검색 점유율 7%가 작아 보이는가?
7%만 하더라도 하루에 수십만명이 유입되는 엄청난 트래픽이라고 할 수 있다. 때문에 아직까진 국내 절반 이상인 60%를 차지하는 네이버의 트래픽은 실로 상상을 할 수 없는양 이라고 할 수 있다.
때문에 네이버는 자체 플랫폼만으로 폐쇄적으로 블로그를 운영하더라도 초보자의 입장에서도 비교적 안정적으로 블로그를 성장 시킬 수 있고 금방 많은 트래픽을 발생시킬 수 있다는 장점도 있다.

네이버의 엄청난 트래픽은 곧 사업을 하거나 퍼스널브랜딩을 하고자 하는 사람에게는 최고의 마케팅 베이스캠프로 삼을만

하다.

하나의 단점이 있다면 애드포스의 광고 단가는 매우 낮아서 네이버블로그 광고수익만으로 많은 수익을 올리기는 사실상 불가능 하다는 것이다.

하지만 앞서 언급한 네이버블로그의 엄청난 트래픽 유입으로 인해 네이버블로그는 홍보하기 위한 수단으로 사용하거나, 반대로 이미 성장한 블로그에 의뢰를 하여 기업에서는 비교적 저렴한 비용으로 광고를 할 수 있고 블로그를 운영하고 있는 블로거는 기업에서 의뢰한 광고비를 집행함으로서 경우에 따라 꽤 많은 비용을 벌어 들일 수 있다는 장점도 있다.

또한 네이버블로그는 대체적으로 후기글 등을 의뢰하는 기업으로부터 자사의 제품을 무료로 받아서 사용해보거나 체험단을 통해 무료로 식사를 하는 경우, 각종 혜택을 받으며 무료로 많은 경험들을 해보고 자신의 블로그에 후기글을 남겨주는 형태로 수익을 발생 시키기도 하는등 사용자의 입장에 따라서 무궁무진하게 발전 할 수 있다는 장점이 있다.

또한 비슷한 예로 업체의 광고 글을 써주고 원고료를 받아 수익을 올리는 경우도 있다.

초보자의 입장에서 블로그를 꾸미기엔 네이버만큼 간편한 플렛폼도 없다.
네이버 측에서 스킨이라고 불리우는 디자인 파일을 이미 상당한 수준으로 많이 만들어 무료로 배포하고 있고 사용자는 입맛에 따라 그저 클릭 몇 번으로 블로그 전체의 분위기를 매력적으로 변경 할 수 있다.

안타깝게도 네이버블로그는 폐쇄형으로 네이버 검색엔진은 네이버 우선 노출정책으로 운영하고 있다.

일반적으로 우리가 일반적으로 새로 개봉한 영화를 보기전 후기등을 검색하거나 처음 가보는 음식점의 정보 검색은 보통 네이버에서 검색을 하게 된다.
이때 네이버블로그만 우선적으로 노출시켜주기 때문에 상대적으로 네이버블로거는 IT, 독서, 맛집, 영화리뷰 등의 글이 주를 이루고 있다.

반대로 티스토리의 운영 회사는 다음카카오 이다.
기존에 티스토리는 아무나 가입을 할 수 없었고 이미 사용하고 있는 사용자의 초대장이 있어야만 가입을 할 수 있는 형태의 폐쇄형 블로그 였다.
얼마전 다음카카오에서 티스토리를 인수 하면서 티스토리는 카카오계정이 있다면 누구나 가입 할 수 있도록 진입장벽이 많이 낮아진 상태이다.

티스토리는 다음에서 우선 노출이 되고 있지만 네이버에서 노출이 될 확률은 극악의 확률이라고 할 수 있다.
정말 정보성 글이 뛰어나다면 노출이 될 수도 있지만 네이버의 가장 하단부분에 사이트 부분에 노출이 되는걸 보면 사실상 노출이 되기를 포기하는게 맞다고 본다.

하지만 다음이 차지하고 있는 검색 점유율 7% 역시 엄청난 트래픽이기 때문에 좌절 할 필요는 없다. 또한 티스토리는 양질의 글을 계속 포스팅 하다보면 구글에서 상위 노출을 시켜주기도 하는데 구글이 검색 점유율 30%를 차지하고 있다고 보면 해볼만한 플렛폼 이라고 할 수 있다.

티스토리는 네이버블로그와 마찮가지로 자체 광고 플렛폼인 카카오 에드핏이 있다. 네이버의 애드포스트와 마찮가지로 극악의 광고단가를 제공한다. 하지만 네이버블로그와는 다르게 오픈형으로 구글의 광고시스템인 애드센스 광고를 신청할 수 있다.

내가 네이버 블로그와 티스토리 블로그 중 갈팡질팡 하다 티스토리 블로그에 정착한 가장 큰 이유 이기도 하다.

물론 티스토리는 자체 광고인 카카오에드핏과 구글의 애드센스 두가지 광고를 동시에 신청 할 수 있다.

컨텐츠를 소비하고 있는 일반 사용자의 입장에서는 블로그에 자료를 보려고 들어왔을 때 카카오 에드핏인지 애드센스 광고인지 모르겠지만 광고가 덕지덕지 붙여있으면 불쾌감이 드는게 분명하다.
때문에 광고는 구글에서 운영하는 애드센스 광고만 붙이기로 했다.

사실 애드센스 광고비는 산술적으로 증명된바는 없지만 보통 네이버의 애드포스트의 광고 단가에 비해 30%나 단가가 높다고 알려져 있다.

바로 광고비의 68%를 블로그 운영자에게 돌려주는 시스템으로도 알려져 있다. 이 사실만으로도 티스토리 블로그를 안할 이유가 전혀 없다. 물론 광고에도 단가가 모두 달라서 고단가 광고가 있지만 저단가 광고도 있다.
수익형블로그로서는 최적의 광고 플랫폼이라고 할 수 있는 것이다.

물론 장점이 있으면 단점도 있는 법이다.
티스토리는 오픈형으로 html등 소스코드를 수정하여 기존에 있는 스킨에서도 사용자의 의도에 따라서 수정을 할 수 있는 장점이 있으나 초보자의 입장에서는 설정하기가 굉장히 어렵다.

다행히도 티스토리 블로그에도 기본적으로 스킨을 제공하고 있는데 네이버블로그와 마찬가지로 이미 설정이 되어 있는 스킨을 선택하는 것만으로도 블로그를 운영하는데 전혀 문제가 없었다.

오히려 휘황찬란하게 꾸미는 깃보다도 글래식하게 기본적인 스킨을 적용하였을 때 글에 집중도가 더욱 높아지는 것 같다.

티스토리 블로그를 운영하는데 있어서 애드센스 광고를 설정할 수 있는 것이 최고의 장점이라면 최고의 단점은 애드센스 광고를 승인 받는 것은 정말 극악의 난이도를 자랑한다. 카더라 통신도 많고 많은 편법들이 존재한다고 하지만 이 편법만으로도 전자책으로 판매를 하며 꽤 비싼 금액에 팔리고 있는 것만 보아도 애드센스 승인의 난이도를 짐작해 볼만 하다.

괜히 애드센스 승인이 애드고시라고 불리우는 것이 아니다.

또한 20년도 9월 있었던 애드센스 대란과 코로나 이후 애드센스의 승인은 더욱 어려워진 것으로 알려져 있다.

적을 알고 나를 알면 백전백승이라는 말이 있다.
애드센스 승인이 어려워졌다고 해도 분명히 무작정 시작하기보단 체계적으로 작성하는 공식은 분명히 존재한다.

하지만 어차피 글을 쓰기로 했다면 정공법으로 차분하게 양질의 글을 꾸준히 쓰면서 열심히 글을 쓰다보면 언젠간 애드센스 승인이 날 것 이고 이를 바탕으로 파생되는 파이프라인이 생길 것이다.

- 애드센스란 무엇인가?

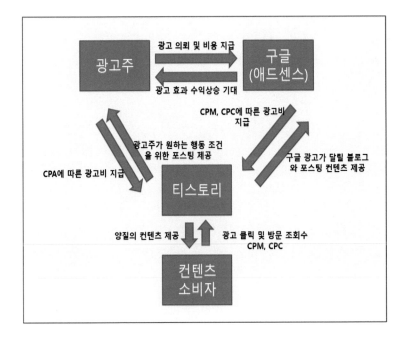

애드센스는 구글에서 운영하는 광고 플랫폼 이다.
승인이 된다면 광고가 달리고 이에 따른 수익금을 분배 받는
시스템으로 흔히 우리가 보는 유튜브에서 나오는 광고와 동일
한 회사라고 할 수 있다.

광고주는 일반적으로 회사 등에서 구글에 광고를 의뢰하는 입
장이다.
이에 구글은 애드센스를 승인 받은 티스토리 블로그에 해당 광
고 배너를 달달게 된다.

쉽게 말해 광고주는 구글에 광고 의뢰를 하고 비용을 지급하고 이에 따라서 광고 효과와 함께 회사의 수익상승을 기대할 수 있고 구글(애드센스)는 티스토리 운영자의 블로그의 컨텐츠마다 애드센스 광고 배너를 달아주고 조회수 및 광고 클릭 즉 CPM과 CPC에 따른 일정의 광고비를 티스토리 운영자에게 지급 하게 되는 방식 이다.

컨텐츠 소비자는 양질의 포스팅 내용을 티스토리 블로글를 통해서 컨텐츠를 소비하고 정보를 얻으며 조회를 한것만으로도 티스토리 운영자에게는 CPM을 제공하고 또 광고를 클릭한다면 CPC를 제공하게 된다.

즉 티스토리 운영자는 양질의 컨텐츠를 지속적으로 제공하며 광고를 게재할 수 있는 광고판을 제공하고 구글(애드센스)는 티스토리 운영자에게 광고비를 지급하며 컨텐츠 소비자는 필요한 정보를 먼저 공부하고 정리해놓은 자료를 쉽게 얻을 수 있는 선순환 구조 이다.

이렇게 컨텐츠 소비자가 정보를 얻으며 보게 되는 웹상의 많은 광고 배너는 광고비를 지급하는 회사의 입장에서도 굉장한 광고의 효과로 매출의 상승으로 이어지는 구조라고 할 수 있다.

블로그는 웹상의 베이스 캠프라고 할 수 잇다.
또한 블로그는 웹상의 내 집이라고 할 수도 있다.
집을 건축 할때에는 무조건적으로 빠르게 공기를 단축시키기보다는
기초공사부터 차근히 진행해야 오랜시간 붕괴사고 없이 안전하

게 지낼 수 있을 것이다.

처음 블로그를 시작할때에는 열정이 불타오른다. 열정에 내 손이 데일정도이다.

하루에 2포스팅 3포스팅 까지도 진행하고 단기간내에 반응이 없으면 또한 애드센스 승인이 계속 실패한다면 대부분이 좌절하고 결국엔 포기하게 되는 것은 국룰이다.

블로그를 시작하기전에 차분한 마음으로 웹상에 내가 평생 지낼 견고한 집을 짓는다 라고 생각하고 편안한 마음으로 차분히 진행해야 할 필요가 있다는 것이다.

블로그를 운영하기에는 꾸준함과 인내심이 필요하고 편법은 없지만 기술적인 요인은 분명히 존재한다. 하지만 필자는 이 노하우만으로 많은 금액을 받는 것이 도무지 이해가 가지 않는다.
지리이티 (상대를 잘되게 히는 것이 내가 잘되는 빙법이다.) 라는 말이 있듯이 좋은 정보를 나눠야 한다.

분명한건 블로그 운영에 있어서 애드센스 승인은 시작 단계라는 것이다.

- CPM, CPC, CPA의 이해

구분	CPM	CPC	CPA
수익발생 형태	노출 1000회당 수익 발생	광고 클릭시 수익 발생	광고주 요청에 따른 광고 게재시 수익 발생
단가 비교	낮음	10원~10,000원 (중고가)	500원 ~100,000원
기타	인터넷 기사 언론사 대형 커뮤니티 운영자 적합	티스토리 적합	광고주가 요구하는 조건을 수용하여야 하므로 난이도가 높음
적용 사례		애드센스, 애드포스트, 카카오 애드핏	쿠팡 파트너스

2. 애드센스 무조건 100% 승인 받는 필승법

- 애드센스 신청하기

앞서 설명한대로 애드고시라는 말도 있듯이 애드센스 대란 이전에도 힘들었지만 작년 20년 9월 ~10월 중순까지 일어났던 애드센스 대란이후 또 코로나 시국 이후로 애드센스 승인은 더욱이 어려워진 것으로 알려져 있다.

애드센스 승인에는 정공법과 많은 편법이 존재한다.

기본적으로 애드센스 승인 신청은 다음과 같다.

애드센스에 로그인을 하여 구글계정으로 로그인 한다.
애드센스 홈페이지에서 가입신청을 한 뒤 애드센스 승인 신청
을 하면 자동으로 애드센스 광고 소스코드가 출력이 되는데 이
코드를 그대로 복사해서 본인의 티스토리 블로그의 html코드에
붙여넣기 하면 완료이다.

티스토리 블로그에서 html 코드는 티스토리 스킨 -> 꾸미기
-> html 메뉴 버튼을 누르면 접속이 된다.

<head>
~~~~~
~~~~~
</head>

이 html코드 사이에 넣어주고 저장하기를 누르면 끝이다.
정말 쉽지 않은가?

생전 처음 html코드를 보아도 상관없다. head는 단 하나의 단
어만 존재하기 때문에 문서찾기 기능(ctrl+f)을 이용한다면 밤하
늘에 누워서 별보기 수준이다.

- 애드센스 승인의 정석법

블로그를 운영한다는 것 자체가 나만 보기 위해 글을 쓰기보다
는 누군가에게 보여주기 위한 글을 쓰는 경우가 대부분이다.
물론 다양한 의도를 가지고 블로그에 글쓰기를 한다.
마케팅을 위해 운영하는 경우도 있고, 퍼스널브랜딩을 위해 하
는 경우, 많은 사람들에게 도움이 되는 유익한 정보성글들을
공유하기도 하고 일상을 공유하기도 한다.

대학을 다닐 때 컴퓨터공학을 전공한 필자와 주변지인들은 대
부분이 블로그에 코드를 리뷰하거나 개인적으로 공부를 한 내
용들을 정리하는 용도로 블로그를 많이 이용하곤 했다.
딱딱한 내용이지만 개발자들끼리는 서로 자료를 공유하며 새로
운 코드가 작성이 되는 선순환이 되기도 한다.

사실 거창하게 애드센스 승인을 위한 정석법으로 소개를 하며
시작을 헸지민 정석이란게 따로 없다.
각자의 목적에 맞게 글을 쓰되 나만 보기 위한 글을 쓴다면 의
욕도 떨어지고 애드센스 승인도 저 멀리 태평양 넘어로 가버릴
지도 모른다.

블로그 자체가 웹상에서 있는 많은 사람들과 서로 공유를 하고
보여주기 위한 공간이기 때문이다.

물론 요즘은 청약전쟁이라고도 할정도로 부동산 시장이 얼어붙
어 있기 때문에 아파트 하나 청약을 하려고 해도 하늘의 별따
기 이다.

이러한 경쟁속에서도 아파트를 구매하기 전에 모델하우스도 구경하지 않고 바로 구매먼저 하는 경우는 정말 드물다. 사실 없다고 할 수 있다.

현재와 같이 정보가 넘쳐 흐르는 웹상에서 나만 보기 위한 글을 쓴다면 컨텐츠를 소비하기 하는 고객들의 이목을 집중시킬수가 없다.
고객이 없는 가게가 흥 할 수가 없다.
물론 블로그를 운영하는데 있어서 물리적으로나 금전적으로 손해가 가는 것은 없다,

하지만 시간은 금보다 소중하다고 했다. 바쁜 일상을 보내며 글을 쓰면서 이왕이면 많은 사람들에게 호응이 있다면 글을 쓰는데 있어서 그만큼보다 훌륭한 동기부여는 없다.

정석이라고 하는 비법은 없지만 누구나 보고 싶은 글을 쓰는 것, 누군가는 궁금한 내용을 기록 할 것, 누군가는 시간을 들여 찾아야할 정보를 한눈에 볼 수 있게 미리 공부하여 정리하여 포스팅 하는 글이 굳이 비법을 찾자면 정석이라 할 수 있다.

궁극적으로 글쓰기 능력을 향상시키고 블로그가 롱런 하기 위해서는 편법을 쓰기보다는 시작부터 정석적인 블로그 글쓰기를 통해 시작하라고 하고 싶다.

애드센스 승인 받은 후 1일 1포스팅을 하기 위해 정말 열심히 노력했지만 야근의 연속으로 스스로와의 약속을 지키지 못하는 경우도 참 많았다.
사실 누가 시킨 것이 아닌 스스로와의 약속이었기에 너무 피곤

한날은 지키지 못했고 스트레스를 받곤 했다.

감사하게도 많은 분들이 블로그를 찾아주셨고 또 댓글을 달아주셨고 광고를 많이 눌러주셔서 트래픽 대비 매일 수익이 조금씩 생기고 있는 것에 너무 감사하고 신기한 하루하루를 보내고 있다.

당장에 조금씩이라도 구글에서 달러가 들어오는 것이 눈에 보이니 엄청난 동기부여가 되서 그런지 틈틈히 짜투리 시간을 활용하며 여러 블로그를 방문하며 분석하고 또 테스트 블로그를 운영하며 테스트를 하고 성공하면 다시 본 블로그에 적용을 하며 새로운 사실을 알게 되는 성취감을 원동력으로 직장생활도 슬기롭게 하고 있다.

요즘은 블로그, 유튜브를 통해 수많은 강의와 자료들이 넘쳐나지만 그 정보의 바다속에서 원하고 궁금해 하는 자료를 딱 건져내기란 참 하늘의 별따기 만큼이나 어려운 일이다.

무엇보다도 티스토리 블로그를 운영하는 모든이들의 제일 첫번째 관심사는 애드센스 승인 즉 애드고시 통과일 것이다.
애드센스 승인이라는 벽이 거대하게 서있으니 벽뒤가 보이지 않는 것은 당연한 사실이다.

보이지 않기에 미지의 세계처럼 궁금하고 빠르게 넘어가서 확인해 보고 싶을 것이다.

수익화 하는 방법과 애드센스 승인에 대해서는 명확하게 자료가 나와 있지는 않다. 또한 애드센스 승인에 대해서는 많은 분들이 정보를 공유하지만 결국 카더라와 통신과 열심히 해야한다. 열심히 하다보면 승인이 되더라 하는 방식에 핵심이 없는 답변에 간지럽지만 쉬원하게 긁어주는 정보는 없다.

물론 자료를 정리해놓은 경우도 분명히 있다. 각종 플렛폼등에서 판매 하고 있는 노하우 전자책 이다.
전자책의 특성상 몇장의 샘플만 보고 구매를 결정하게 되는데 일반 종이책에 비해 가격이 상당히 높은 경우가 많다.
하지만 우리가 궁금해하는 돈이 되는 정보는 샘플로 보여주지는 않는다. 핵심 노하우는 전자책의 특성상 제품의 상품성을 유지하는 골조이기 때문이다.

막상 구매를 하고 보니 이미 알고 있는 내용이 있을 수도 있고 작가에게 배신감을 느끼기도 한다.

 필자는 티스토리 블로그를 운영하면서 운좋게도 애드센스 승인을 받았지만다양한 편법이 존재하지 않을까 항상 궁금했다.

때문에 블로그를 여러개 운영하며 테스트를 해본 결과 중 승인을 위한 글쓰기 방식을 찾아 내었다.

그렇다. 비교적 시간이 많이 걸리는 정석이 있다면 반대로 시간이 단축되는 편법 역시 분명히 존재한다.

필자가 애드센스 승인을 받으며 실행해본 편법 3가지를 소개하고자 한다.
물론 편법으로 승인을 위한 글쓰기를 하라고 하고 싶지는 않지만 책을 보면서 독자분들이 조금이나마 머리가 아픈 상황을

녹여주고 싶다는 바램이 있다.

- 나무위키 활용 구글 seo방식 글쓰기

첫 번째 방식은 나무위키나 위키백과사전을 활용하는 방식이다.

① 기본적으로 지켜야할 절대 법칙

네이버 글자수 세기를 켜놓고 작업하도록 한다.
구글은 양질의 글을 중요시 생각하기 때문에 글은 오타 없이 빈칸을 포함하여 1500자 이상 작성을 하도록 한다.

사진은 단 한 장만 넣도록 한다. 구글은 사실 사진을 많이 넣는 것을 좋아하지 않는다. 사진을 많이 넣을수록 용량이 커지고 용량이 클수록 블로그의 속도가 저하되기 때문이다.

또한 사진의 크기는 400px로 설정하여 등록을 한다.
사진의 크기는 그림판에서 간편하게 수정 할 수 있다.

※ 사진의 예시

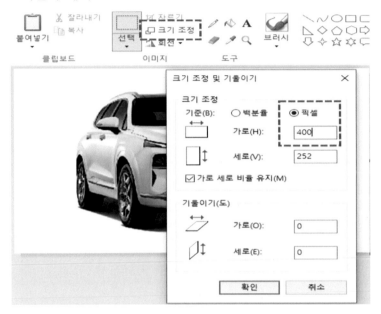

위 사진 에시와 같이 그림판으로 사진을 가져와서 크기조정을 눌러 픽셀을 선택한 후 가로크기를 400정도로 수정해주면 끝 이다.

400px은 컴퓨터 화면에서 보기엔 작아보일 수 있으나 핸드폰 화면에서 보기엔 최적의 크기라고 할 수 있다.

사진은 기사로 올라온 사진 등을 캡처하여 그림판으로 불러와 서 수정한다면 문제 될것이 없다. 구글 ai는 사진이 동일하다는 것을 확장자명 코드를 보고 판단을 하는데 그림판에서 픽셀을 조정하면 확장자명이 바뀌기 때문이다.

② 서식 넣기

 문단을 구분하여 중간중간 서식을 나눈다.
서식을 나눈다는 것은 정해진 법은 없다.
하지만 기본적으로 글을 읽을 때 또는 책을 읽을 때 안그래도
딱딱한 문자가 문단이 나뉘지 않고 글이 쭉 나열되어 있다면
일반적으로 가독성이 굉장히 떨어지고 이는 곧 눈의 피로감을
발생시켜 글을 읽는 것을 중단하게 만든다.

글을 쓰면서 화제가 전환되는 부분등을 문단을 나누어 주면 된
다. 글을 써음 쓰거나 글을 쓰는게 익숙하지 않은데 정석적인
교정교열 수준의 문단 나누기는 할 필요가 없다.

이는 포스팅을 하다보면 자연스럽게 트레이닝이 될 것 이다.

서식1 드디어!! 벤츠에서도 전기차를 출시한다고 해요~! 세계 3대 명차중 하나인 마이바흐의 제조사 이
자 이미 세계적인 명차로 유명한 메르세데스 벤츠가 전세계적으로 돌품인 전기차 열풍에 동참 하
였습니다.

서식2 이번 모델은 벤츠 전기자 EQA 입니다.
기존의 내연기관차가 보통 8천만~1억대를 호가하는것을 생각하면 벤츠는 선망의 대상이었으
나 이번 전기차 모델인 벤츠 전기차 EQA는 전기차 시장을 독주하는 테슬라의 아성을 잠재우기 위
해 마음을 단단히 먹었나 봅니다.

서식3 벤츠 전기차 EQA의 출고가는 5990만~6790만으로 기존 내연기관 모델보다도 굉장히 저렴하
게 출시 될것으로 예정이 되어 있습니다.
하지만 이게 끝이 아니죠?? 바로 전기차는 국고 및 지자체에서 보조금이 나오기 때문인데요
이번 벤츠 전기차 EQA는 국고 보조금 618만원 + 지자체 보조금 309만 으로 총 927만원의 보조금
이 지원 된다 고 합니다.
벤츠이면서 전기차이지만 5063만~5863만 이라는 비교적 저렴한 가격으로 최고의 가성비로 벤
츠 전기차의 오너가 될수 있을 것으로 예상이 됩니다.

위 사진은 구글에서 좋아하는 글쓰기 방식인 구글 seo방식의
문단 나누기 방식이다.

③ 글주제, 글감

글 주제와 글감 찾기
글 주제는 현재는 주식, 자동차, IT, 독후감 쪽이 승인이 잘 나
고 있다.
나무위키와, 위키백과등을 보고 20%~30% 정도만 글을 수정한
다고 생각하고 포스팅을 하면 된다.
애드센스 승인을 위한 포스팅과 트래픽을 위한 포스팅 내용은
분명히 다르다.

물론 필자는 정석적으로 정보성글이나 이슈성 글을 꾸준히 작성하면서 시간을 두고 승인을 받는 방법을 추천한다. 결국 블로그는 장거리 마라톤이다. 단숨에 30km를 전력질주 하다간 지쳐 쓰러질것이 분명하다.

단시간에 애드센스 승인을 성공 후 제대로 시작하고 싶은 마음이 강할 것 이다. 물론 이는 스킬적인 부분으로 시간을 단축시키는 방법도 존재한다는 것을 소개하고 싶다.

사실 애드센스를 공부하면서 애드고시 통과 노하우 전자책 몇권을 구매하여 읽어보았지만 필자가 사용한 방식은 그 어디에도 없었다.

※ 자동차를 예시로 들어 들어본다면

기아가 자체적으로 독자 개발한 첫 4WD 차량[10] 1991년 도쿄 국제 모터쇼에 개발 중이던 컨셉트 모델을 내놓으면서 그 이름을 알렸다. 세계 최초의 도심형 컴팩트 SUV 차량[11]인데다 한국에서 자체적으로 독자개발한 것이라 한국 자동차 역사에서는 개발 의의가 매우 크다

본래 개발은 기아와 포드 모터 컴퍼니의 합작 프로젝트로 시작한 WD-15였다 이미 두 회사는 페스티바(프라이드의 수출명)의 성공적인 합작을 이뤄 낸 바가 있었고 때마침 도시형 소형 SUV의 잠재력을 예견한 포드에서 기아와의 또 다른 합작 프로젝트로 제시한 것이었다

그러나 프로젝트를 제시하면서 포드는 기존에 가지고 있던 기아의 지분을 기존 10%로 놀려줄 것과 경영권 그리고 기아 생산공장 중 가장 크고 생산차량의 종류가 많았던 화성공장을 별도로 법인화해 줄 것 등을 요구했다 사실상 기아를 내놓으라는 이야기였다. 기아 죽은 이를 거절했고 포드는 개발을 포기하고 자신의 지분을 포분하면서 둘의 합작은 결렬되었다 그런데 기아는 이미 개발이 진행 중이면 프로젝트를 그대로 버리기는 아깝다고 여겼고, 1988년에 출시된 국내 최초의 스테이션 왜건형 SUV인 코란도 훼미리가 가족 중심의 여유로운 레저 활동에 관심을 가지던 중산층을 중심으로 판매 호조를 보이며 수요가 급증하자 기아 또한 국내에서도 스테이션 왜건형 SUV의 시장성이 충분히 있다고 판단하여 독자적으로 개발을 진행한다 [wp]개발 과정 참고자료

🗒 *제목 없음 - Windows 메모장
파일(F) 편집(E) 서식(O) 보기(V) 도움말(H)
스포티지는 기아자동차의 준중형 suv차량이다. 21년도 기준으로도 벌써 28년이라는 긴 세월을 장수하며 생산되고 있는 기아자동차의 최장수 모델이라고 할수 기아차가 독자적으로 자체개발한 첫 4륜 구동의 suv 차량이며 91년도 도쿄에서 열렸던 국제 모터쇼에 컨셉카로 오픈을 하며 이름을 널리 알렸다.
세계 최초의 도심형 suv차량으로 한국에서 자체적으로 독자개발한것이라 우리나라 자동차 역사에서도 매우 의미가 크고 한국의 자부심을 널리 알린 차량이라.

나무위키를 열고 기아차의 스포티지를 검색해 보았다.
검색하면 정말 많은 내용이 기록이 되어 있다.
밑에 메모장을 올려놓고 한줄한줄 글을 읽으며 20~30%의 틀만 바꾸면서 내생각을 아주 조금씩 넣어가며 글을 바꾼다고 생각하면서 글을 써 내려간다.

새로운 글을 쓸필요는 없다. 그저 글의 틀을 바꾸는 것 만으로 같은 내용을 보았지만 사람마다 문체가 다르고 생각하는 바가 다르기 때문에
분명히 다른 글이 나오게 된다.
새로운 내용을 쓰는 것이 아니기 때문에 머리가 아프지도 글을 쓰는게 고통스럽지도 않다.

아무리 편법이라도 애드센스 신청을 하기전에 선행되어야 할 작업은 있다.
기본적으로 글은 18개 정도 작성이 되어 있어야 하며 이 글은 이슈성 글 및 정보성 글등을 포스팅하면 되며 꼭 1500자가 안되어도 되지만 기본적으로 1000자 이상은 써보길 추천한다.

위와 같은 방식으로 애드센스를 신청한 이후에는 매일 1일 1포스팅으로 같은 방식으로 글을 쓴다면 100% 애드고시는 통과할 것이다.

빠르면 4일 보통 8일이후 늦어도 2주 안에는 애드센스 광고를 개재 할수 있다는 기쁜 승인 소식을 메일로 받을 수 있었다.

- 애드센스 합격 노하우 BBC 사이트 활용하기

두 번째 방식은 BBC 홈페이지의 해외기사를 활용 하는 것이다.

보통 이슈성 블로그를 포스팅 하기 위해서는 네이버, 다음, 줌 등의 국내 포털사이트에 올라와 있는 기사를 보고 내용을 분석 하여 포스팅을 한다. 하지만 이슈성 글들은 구글이 좋아하는 전문적인 내용이 아닌 경우가 대부분이다. 또한 많은 사람들이 내용을 보기 때문에 변별력이 없고 독창적이지 않다.

독창적이지도 않고 전문적이지 않은 글을 쓰기에는 구글에서 애드센스 승인을 잘 안내주지 않을까? 하는 의문에서 시작하여 그렇다면 해외의 기사를 발췌하여 번역하여 포스팅을 한다면 겹치치 않는 독창적인 글이 되지 않을까? 싶었다.

BBC홈페이지는 외국의 뉴스사이트로 국내의 인터넷 기사를 보고 포스팅을 하는 국내의 글과는 전혀 다른 형식의 문법과 내용이 넘쳐나고 있었다.

해당 방식을 소개하면 아래와 같다.

1. 크롬 브라우져로 접속한다.

2. BBC홈페이지에 접속한다.

3. 오른쪽 상단에 한국어로 번역을 누른다.

4. 전문성이 있는 주제를 정한다.

5. 예를들어 건강을 주제로 한다면 건강에 대한 주제로만 기사를 검색 한다.

6. 번역된 주제의 기사를 복사하여 네이버 글자수 세기를 활용하여 1500자
   를 맞추어 포스팅을 진행한다.

7. 사진은 한장만 캡처하여 등록한다.

클레오 스미스(Cleo Smith): 호수에서 실종된 4세 아이가 살아서 발견되었습니다.

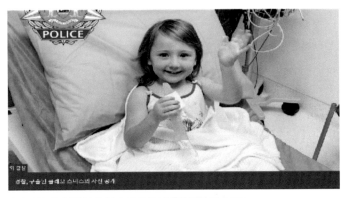

BBC 홈페이지의 기사를 한국어로 번역을 하면 이렇게 한국어 기사가 멋지게 탄생 한다.

이 방식으로 진행을 하니 테스트 블로그의 애드센스 승인이 났다.

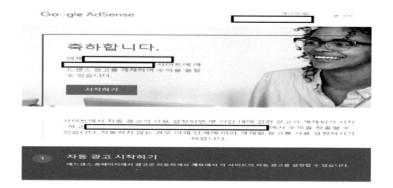

물론 구글의 검색엔진의 로직은 수시로 변경되고 있다. 소개하고 있는 편법들이 100% 되리라는 보장은 없지만 편법은 편법일뿐 결국엔 정석적인 글쓰기를 해야 안정적인 트래픽이 유입될 것이다.

- 전공서적 활용하기

세 번째 방식으로는 흔히들 많이 알려진 방식인 대학등에서 공부를 하는 전공서적을 활용하는 방식이다.
인터넷에서도 많이 소개를 하고 있고 시중에 나와있는 종이책 등에서도 해당 편법이 소개되곤 한다.

물론 일리있는 말이긴 하다.
서로 겹칠일이 적기도 하지만 이러한 방식은 아무런 의미가 없는 포스팅이라고 얘기해주고 싶다.

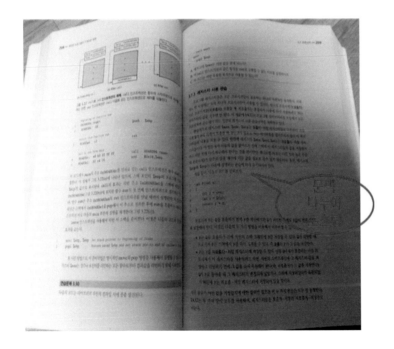

전공서적을 단순히 복사 붙여넣기 하는 것이 아닌 구글 SEO 방식에 맞게 문맥과 글의 흐름에 맞게 1500자에 맞추어 포스팅을 하면 된다.

이와 같은 방식으로 매일 1일 1포스팅으로 약 2주간 진행 하면 애드센스 승인이 잘나는 편법으로 잘 알려져 있다. 물론 전공서적 방식은 실행해보지는 않았지만 많은 작가분들이 소개하고 있는 편법인 만큼 간단하게 소개만 하고 싶다.

번외로 최근에는 사진이 아예 없으면 애드센스 승인이 잘 안나고 있다.

이슈성 글이 아닌 현재의 기분과 생각, 시상 등 의 글을 포스팅 하는 경우 별도의 사진이 없을 수도 있다. 이때에는 미리캔버스 및 PPT를 활용하여 간단한 썸네일을 제작하여 메인 사진으로 등록 한뒤 글을 포스팅 해보도록 하자.

미리캔버스는 감사하게도 저작권 걱정이 없이 상업용도로 사용하는걸 허락하고 있다.

하지만 주의할점은 미리캔버스에서 제공하는 항목별을 별도로 가져와서 기존의 것과 결합하여 상업용으로 쓰는건 금지되고 있다. 전체 요소를 한번에 가져와서 다운받아 사용하는 건 문제가 없다고 하니 적극 활용하면 많은 도움이 된다.

미리캔버스를 활용하는 것만으로도 사실 전문 디자이너가 작업을 해준것처럼 상당히 퀄리티가 높다.

- 쿠팡 활용하여 구글 seo 방식 글쓰기

여러 가지 방법이 있지만 앞서 충분히 소개를 한만큼 애드센스는 구글에서 운영을 하는 플랫폼이다.
때문에 우리가 애드센스 승인을 위해서는 구글이 좋아하는 글을 써야 하는 것은 당연하다.

앞서 나무위키, 위키백과를 활용하여 구글 seo방식의 글을 써 보았다면 같은 방식이면서 다른 방식인 쿠팡을 활용하여 구글이 좋아하는 글을 쓸 수도 있다.

 쿠팡을 활용함에 있어서 우리에게 필요한 스킬은 단 하나 글쓰기 능력? 절대 아니다.

 바로 글을 읽고 나의 방식으로 변형할 수 있는 능력이다. 처음부터 글을 다시 쓰는건 참 고통스러운 일이다. 필자 역시 글을 쓰는 것을 업으로 하고 있지만 아무리 좋아하는 일이라도 일로 다가오는 순간 골치가 아픈 것은 숙명인 듯 하다.

 하지만 이미 있는 글을 변형하는 것은? 상대적으로 참 쉽고 머리도 덜 아픈 일이다.
단순히 귀찮은 일일뿐 누구나 노력만 한다면 성공의 길이 보이는 방법인 것이다.

스마트스토어를 운영해본 경험이 있는 분이라면 익숙한 화면이라고 할 수 있다.

바로 아이템 발굴을 위해 많이 사용하는 "아이템스카우트" 사이트 이다.

쿠팡을 활용하는 방법이긴 하지만 쿠팡에서 어떠한 키워드를 잡아야할지 다시 고민이 될 수 있다.

아이템스카우트는 이 고민에 대한 고통을 없애줄 고마운 플렛폼 이다.

잘만들어진 플랫폼을 제작자의 의도대로만 사용하는 것은 불합리하다 이미 있는 것을 활용하여 충분히 응용할 수 있다면 창의적인 방식은 계속해서 발견이 될 것이라 자신한다.

다시 설명으로 들어가자면 위 사진의 예시와 같이 "아이템스카우트"에 접속을 하고 상단 탭의 아이템 발굴을 클릭 한다.

카테고리는 어떤 것을 해도 상관 없다.

 예를 들어본다면

1차분류 : 디지털/가전 – 2차분류 : 생활가전 – 3차분류 : 청소기 순으로 설정 하고, 검색조건은 총검색수는 직접입력을 클릭 후 최소 1000~ 최고 10000까지 선택을 해준다.

상품수는 직접입력을 클릭 후 최소 0~최고 500까지 선택을 해준다.

보기옵션 🔲

↕	↑ 순위	키워드	대표 카테고리	키워드 분류	총 검색수	상품수	경쟁강도	평균 광고클릭수	광고
	86	라이프썸핸디형무선청소기 🔲	무선청소기	소비상 79%	8 760	138	아주높음	36 7	
	114	어너스물걸레청소기 🔲	물걸레청소기	소비상 54%	7 780	306	아주높음	257 3	
	115	as9370ikt	무선청소기	소비상 79%	5 020	369	아주높음	3 6	
	117	vs20a957e3w	무선청소기	소비상 79%	7 920	159	아주높음	9 8	
	119	vs20t9210bf	무선청소기	소비상 76%	7 100	49	아주높음	2 3	
	120	스마트에버s250w	무선청소기	소비상 79%	4 260	58	아주높음	0 3	
	122	vr30t85513w	로봇청소기	소비상 79%	5 920	446	아주높음	4 0	
	128	vs20a956avw	무선청소기	소비상	6 040	35	아주높음	1 8	

조건을 설정하고 조회를 누르면 상품별 키워드와 총 검색수가
나오게 된다. 사실 이중 아무거나 해도 무방하나 왠만하면 가
장 높은 위치에 있는 검색수가 높은 키워드를 선택 한다.

쿠팡에서 검색할 키워드를 찾았으나 이 키워드의 문서수가 웹
상에 적을수록 애드센스 승인에는 더욱 유리해 질 것 이다.

구글은 언제나 창조적이고 최초의 글을 너무나도 좋아하기 때문이다.

"키워드스카우트"에서 찾은 키워드를 많은 사람들이 검색해볼 만한 키워드인지 검증할 차례 이다.

티스토리 블로그를 운영하는 사람이라면 역시 너무나 익숙한 키워드마스터를 들어가서 키워드 검색창에 찾은 키워드를 검색해본다.

1분만에 찾은 키워드인데도 불구하고 해당 키워드는 총 조회수는 8,700건에 달하나 웹상에서 발행된 글의 수는 1,066개 밖에 존재 하지 않는다.

수요는 폭발하는데 공급이 없는 정말 황금키워드를 이렇게 쉽게 발견해버렸다.

굳이 여러 플랫폼에서 황금키워드를 비싼 금액을 지불하고 구매할 이유가 전혀 없다.

이제 우리가 할 일은 너무나도 자신감 있게 이 키워드를 쿠팡에 검색해보는 일이다.

활용할 키워드를 쿠팡 검색창에 입력 한다.

이제 본격적으로 쿠팡에 제품명을 검색하면 당연히 해당 제품이 출력이 된다.

우리는 이미 스마트스토어를 운영하는 많은 사람들이 분석해준 고마운 키워드를 검색하였기 때문에 당연히 제품 리뷰가 100건이상씩 쌓여 있다.

네이버 글자수 세기를 옆에 뛰어놓고 많은 사람들이 쌓아올린 리뷰글들을 긁어서 내가 직접 사용해서 리뷰를 쓰는 것처럼 약 20%만 수정한다는 생각으로 글을 바꿔 준다.

또한 상세페에지에는 정말 많은 정보와 많은 글이 올라와 있다.

이 역시 직접 사용하기 위해 글을 읽어본 것처럼 20%만 수정한다는 생각으로 글을 써내려 간다.

상품상세

소노몽
★★★★☆ 2021.02.13

라이프썸 핸디형 무선 충전 청소기 2세대(LFS-HA17)+3종노즐+전용 파우치 휴대용 차량용 다용!

디자인이쁘고 가볍고 편리, 소음은 있는편
우선 디자인은 너무 예뻐요!

그레이 베이지톤이고 가볍고 필요한 구성품만
들어있어서 좋네요

박스포장되어서 왔어요
전자제품은 뜯을때 늘 기분이
좋으네요

생각보다는 소음이 큰편이긴 했어요
그리고 처음 사용중이라 그런지
뒤로 바람이 나올때 제품 냄새 조금 나요
시간이 지나면 괜찮아 질까요? 좀 더 사용해봐야겠네요
그래서 별하나 뺐어요

상품상세

상품평 (1,478)

제품사양

제품명/모델명
라이프썸 핸디형
무선 충전 청소기
/ LFS-HA17

정격/출력
DC 5V 1.3A / 35W

재질
ABS

크기/중량
65 X 185(mm) / 약 335g

모터 RPM
약 27,000회

모터 흡입력
2.0kPa

1분만에 찾은 키워드인 이 제품은 역시 1000개라는 어마어마한 리뷰가 달려 있다.

우리가 여기서 주목해야할 점은 쿠팡 리뷰는 구글, 네이버, 다음 등 포털사이트에 정식으로 블로그에 발행된 글이 아니라는 점 이다.

사실 그대로 써도 저품질 위험은 없으나 많은 사람들이 같은 방법을 사용한다고 가정했을 때 안정성 있게 조금만 변형 하는 것이 핵심이다.

그냥 읽으면서 정리만 했을뿐 인데 구글 애드센스 승인을 위해 필수로 써야한다는 글자수 1000자가 순식간에 채워졌다.

당연히 이 역시 제목과 글을 쓰고 구글 seo방식으로 글을 작성해야 한다.

백문의불여일견 직접 보는게 빠르다.
구글 seo방식 글쓰기의 예시로 작성해보자면

카테고리

퀸레이블스팀청소기 QB-SV01 에너지소비1등급

<상세페이지 글내용을 요약하였습니다>
<디스크립션 구간은 해당포스팅에 서론부분으로 앞으로 내가 이런이야기를 할것이다라는 내용을 적는구간입니다>
퀸레이블스팀청소기 QB-SV01은 거실이나 주방 화장실에서 모두 사용이 가능한 스팀청소기인데요. 올해에 미세먼지는
크게 없었지만 코시국이다보니 외출하고 집으로 돌아왔을때 살균에 꽤나 신경을 쓰는 날들입니다. 끌끔을 떠는 성격은
아니지만 저의 호흡기에도 그렇고 집안전체 쾌적한 살균을 위해서 구매한 퀸레이블청소기를 구매했는데요 구매하고나
서 제품받는데 이틀정도 걸린것같네요.

99.9%살균 극세사패드를 장착한 QB-SV01[제목1-H2태그]

극세사패드를 장착했다고 하더라도 바닥이 깨끗하게 잘 닦이지 않는 제품들이 많아서 과거에 구매하고 실망했던 적이있
었는데요 QB-SV01제품은 바닥이 정말 뽀득뽀득 잘 닦인다는 느낌이 들만큼 잘 닦이더군요

대용량물통,자유로운 플레서블헤드로 간편한 청소[제목2-H3태그]

대용량물통이 있다는게 뭐 대수인가?하시겠지만 청소 열심히하다가 물이 떨어져서 다시 받으러가는 것도 여간 귀찮은 일
이 아니거든요

사용해본 후 객관적인평가[제목3-H4태그]

구글을 포스팅의 전체 내용을 요약하여 정리하고 본문으로 들
어가는 글을 좋아한다. 본문에 들어가기 앞서 포스팅 전체의
내용을 요약하는 글을 "디스크립션"이라고 한다.

블록을 잡아놓은 부분과 같이 전체적으로 어떠한 내용을 설명
할 것이다. 하는 요약글을 작성 후 본격적으로 본문을 작성하
면 된다.

본문을 작성할때에는 구글에서 좋아하는 seo 방식으로 글을 작성 한다.

seo방식 글쓰기란 예시 사진과 같이 H태그를 사용하고 소제목을 작성하는 방식 이다.

H태그는 1번~4번까지 있으며 1번은 제목에 해당되기 때문에 소제목은 H2부터 H4번 순까지 순서대로 활용하면 된다.

 물론 H4까지 꼭 사용을 해야하는 것은 아니며 h의 순서가 4번에서 1번으로 거꾸로 돌아가면 안된다.

쿠팡 활용 승인글 작성시 주의사항 이다.

① 사진은 앞서 설명한 바와 같이 한 장만 그림판에서 px 조절하여 400px로 사이즈를 조정 한다.

② 구글을 문서의 질과 양을 중요시 하고 무엇보다 속도를 가장 중요시 한다. 많은 사진은 페이지의 속도를 저하시키기 때문에 구글에서는 좋아하지 않는 글 이다. 물론 트래픽을 위해서는 사진을 많이 넣는 것이 좋지만 우리는 지금 구글 애드센스 승인을 위한 글을 작성중이기 때문에 최대한 구글이 좋아하는 형태로 작성을 하는 것을 목표로 한다.

③ 네이버 글자수 세기에서 최소 1000자가 넘는지 확인을 한다.

④ 포스팅을 한 내용을 맞춤법 검사기에 돌려서 맞춤법 검사를
완료 한뒤 발행을 누른다.

- 애드센스 광고 설정하기

티스토리를 운영하는 이유가 있다면 가장 큰 이유로는 바로 수
익창출이 가능하기 때문이다.
많은 사람들이 수익형 블로그를 운영하기 위해 노력하고 또 원
하고 있다.

애드센스 승인을 성공했다면 독자 분은 이미 상위 1%의 n잡러
디지털 노마드 진입에 하였다. 정말 축하드린다.

벽을 넘기전엔 몰랐던 사실이지만 애드센스를 승인을 받았다고
해서 바로 광고가 달리는 것이 아니다.

애드센스 승인 성공 소식에 기쁜마음도 잠시 광고가 몇일이 지

나도 광고가 게시가 되지 않는 것을 보며 당황하게 된다.

승인은 광고를 게시할수 있는 권한이 생기는 것이므로 다시 설정을 해주어야 한다.

바로 애드센스 로그인을 한다.

① 광고 클릭
② 개요 클릭
③ 코드가져오기 클릭

사이트의 <head></head> 태그 사이에 애드센스 코드를 복사해서 붙여넣으세요.

사이트의 모든 페이지에 이 코드를 추가하면 가장 적합한 위치에 광고가 자동으로 게재됩니다.

```
<script async src="https://pagead2.googlesyndication.com/pagead/js/adsbygoogle.js?client=ca-pub-5151136060673708"
crossorigin="anonymous"></script>
```

코드 복사

광고가 페이지에 표시되기까지 최대 1시간이 걸릴 수 있습니다. 자세한 내용은 코드 구현 가이드를 참고하세요

ⓘ 페이지에 이미 자동 광고 코드가 삽입되어 있다면 이 코드로 교체하지 않아도 됩니다.

완료

④ 위에 있는 html 코드를 복사 해서 나의 티스토리에 연동시켜주면 된다.

⑤ 코드 복사 클릭
코드복사까지 눌렀다면 모든 준비가 완료이다.

스킨 편집   적용

Book Club 자세히 보기

도서 콘텐츠를 제공하는 출판사 블로그에 추천합니다.
상단 프로모션 영역을 활용해 콘텐츠 주목도를 높여보세요.

제작사   **TISTORY** tistoryblog@daum.net
저작권   **MIT License**

html 편집

홈 설정   최신글   커버

⑥ 다시 티스토리로 돌아가서 스킨편집 화면을 들어간뒤 html
편집 버튼을 클릭 한다.

←   HTML CSS 파일업로드   ?   적용

```
1 <!doctype html>
2 <html lang="ko">
3 <head>
```

```
    <script async
src="https://pagead2.googlesyndication.com/pagead/js/adsbygoogle.js?client=ca-p
5151136060673708"
        crossorigin="anonymous"></script>
```

```
8
9 <meta charset="UTF-8">
```

```
<head>
///
</head>
```

html 코드의 head 사이에 붙여넣기 하면 완성 이다.

쉽게 말해 위에 예시로 빨강색 네모칸 처럼 <head> 바로 아래 넣어 준다고 생각하면 된다.

이제 기본적으로 구글 애드센스 광고 배너를 달수 있도록 구글 에서 티스토리 블로그를 인식하기 시작했다.
구글에서는 웹상에 가상의 광고 게시판이 추가 되었고 블로그 운영자는 광고수입을 받을 수 있는 토대가 마련되었다.

다시 애드센스로 돌아가서 수동광고와 자동광고를 설정하면 된 다.

초보자의 입장에서는 일일이 광고를 달아주는 것보다는 자동광 고로 설정하는 것을 추천 한다.

여기까지 잘 진행되었는가?
지금까지 설명한 광고 설정법은 기존의 방식이다.
간단한 것 같지만 초보자의 입장에서는 어려울 수도 있다.

네이버블로그와 대응되는 다음 카카오의 티스토리블로그가 블로그중 유일하게 애드센스 광고를 연동 할 수 있다보니 상대적으로 트래픽이 월등히 높은 네이버블로그와 경쟁상대가 될 수 있었다.

이 사실을 다음카카오에서도 인지하고 있는지 티스토리 운영자가 애드센스 승인만 받는다면 광고 설정을 누구나 쉽게 할 수 있도록 배려를 해주었다.

21년 3월 티스토리가 대규모 업데이트 진행하면서 티스토리 자체에서 애드센스 광고를 설정할 수 있게 되었다.

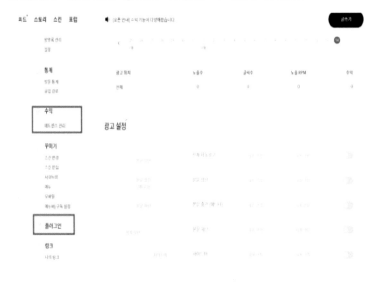

해당 방법을 소개하자면 아래와 같다.

티스토리 관리자 페이지로 들어가서 플러그인을 클릭 해준다.

여기서 여러가지 기능들이 배너 형태로 나타나 있다.

구글 애드센스 연동 하기 배너를 클릭하여 플러그인 설치를 클릭한다.

그럼 마지막으로 수익 배너 아래 애드센스 관리 항목이 자동으로 생성이 된다.

위의 예시 페이지는 포스팅을 위해 예시로 보이는 화면이기에 수익은 나오지 않는다.

애드센스 승인을 성공하였고 광고 코드 삽입을 하였다면 기존의 애드센스 관리자 화면에서 설정하는 복잡한 방식이 아닌 티스토리 자체 광고설정에 서 버튼이 활성화 되어 몇 번의 클릭만으로 광고가 활성화 되는 것을 알 수 있다.

이렇게 이제는 티스토리 자체에서 버튼 클릭만으로 광고 배너를 자동으로 설정 할 수도 있고 이미지를 보면서 수동으로 설정을 할 수도 있는 것이다.

3. 블로그 방문자수 늘리기

- 다음에서 키워드 뽑기

티스토리 블로그를 처음 운영하면서 애드고시만 통과하면 바로 수익이 창출되는 줄 알았고 또 기대감에 굉장히 두근거렸던 기

억이 아직도 선명하다.

작년 10월 티스토리를 처음 접했다가 애드센스가 탈락이 되면서 1달만에 접었다가 한달전부터 다시 티스토리를 본격적으로 시작하면서 1일 1포스팅을 실천 하면서 애드고시를 통과하는 성과를 이루어 내어 성취감이 하늘을 찌르는 듯 했다. 이러다가 진짜 부자 되는거 아닌가 하는 헛된 망상도 했으니 말이다.

애드센스를 통과하고 광고를 설정하고 산넘어 산을 넘어오니 트래픽 유입(방문자 수)이 너무 저조하여 걱정이 많았다.

다행히도 유튜브와 티스토리 관련 블로거들의 자료를 취합해보니 이슈성 글의 키워드를 찾는 방법이 있었는데 그중 효과적인 방법을 소개하고자 한다.

첫번째! 다음에서 키워드 잡기

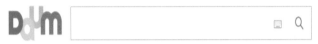

티스토리는 다음 카카오에서 운영하기 때문에 다음에서는 우선 순위로 노출이 되고 있다.

네이버에서 네이버 블로그를 최우선으로 노출을 시켜주는것과 같은 맥락이다. 이러한 이유로 처음 티스토리 블로그를 운영하는 블로거는 다음에서 트래픽 유입을 최대한으로 노려야 한다.

구글에서는 상위노출을 잘 시켜주지 않지만 다음에서는 상대적으로 상위노출을 잘 시켜주는 편이다.

다음에서 초반에 트래픽 유입량을 많이 늘리는것도 굉장히 중요하지만 다음에서 저품질이 되지 않도록 하는것도 매우 중요하다.
사실 다음에서 최상위권에 지속적으로 노출이 되고 있는 블로그 였다고 하더라도 저품질이 오게 되면 한순간에 기존의 트래픽 유입량과 상관이 없이 0으로 수렴할 수도 있다는 말이다.

본격적으로 다음에서 방문자수를 유입시키기 위해서는 당연 다음 메인 페이지에서 노출되는 키워드를 찾아내어 글을 써야 상위노출이 용이해진다.

최근 네이버와 다음 포털사이트에서는 실시간 검색순위가 없어졌다.

다행인건 다음 포털에서는 실시간 검색 순위는 없어졌지만 검색창 위에 수시로 10개정도씩 가장 많이 검색되고 있는 실시간 키워드를 제공한다.

위치는 검색창 위쪽으로 실시간으로 키워드가 변경이 되고 많은 키워드가 노출이 되는 창이 있는 것인데 그중 괜찮은 키워드를 선택한 뒤 포스팅을 진행하면 된다. 괜찮은 키워드라는 정확한 답은 없다.

이미 다음 검색창에서 검색량이 많은 대표 키워드가 실시간으로 반영되었기 때문에 사실 어느것을 포스팅해도 유입량이 바로 높게 올라가는 걸 확인 할 수 있다.

당연한 말이지만 해당 키워드로 기사등을 검색할때 이미 다른 사람이 같은 이슈성 키워드에 대해서 포스팅한 내용을 그대로 복사하는것은 블로그 저품질에 걸릴 확률이 굉장히 높아진다.

공든탑이 무너진다고 오랜시간 시간과 정성을 들여 키워놓은 블로그가 한순간에 저품질이 오게 되면 억장이 무너질 것이다. 너무 글쓰기가 힘들고 생각이 떠오르지 않는다면 차라리 글을 쓰지 말고 한숨 돌리는 것을 추천한다.

다시 본론으로 들어가서 이슈성 글을 쓰게 된다면 사진을 캡쳐

하여 올리고 해당 기사를 3~5개정도 읽어본다음 문장단위로 키워드를 3~5개정도 다시 뽑아 낸다.

모든 기사를 내린뒤 키워드만 보고 나의 생각을 일기를 쓰듯이 기록을 한다. 반드시 기사를 내려야 한다. 어떻게 써야할지 막막하여 기사를 옆에 띄어놓고 글을 쓴다면 나는 아니라고 하지만 생각과는 전혀 다르게 어느새 기사의 내용을 복사붙여 넣기 하듯이 같은 내용으로 작성을 하고 있을 것이다.
같은 내용을 보더라도 사람마다 생각이 다르다. 사람마다 목소리가 다르고 지문이 다르듯이 글을 쓰는 문체 또한 분명히 다를 수 밖에 없다.

이런 방법으로 포스팅을 한다면 초보자의 입장에서도 1일 1포스팅을 진행하는 것이 생각보다 어렵진 않고 생각보다 유입량이 빨리 들어오는것을 확인 할 수 있다.

- 줌에서 키워드 뽑기

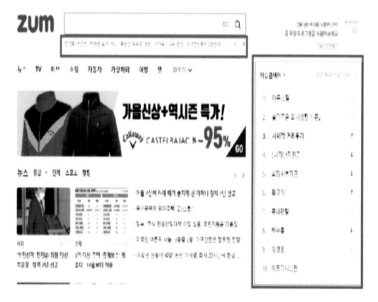

두번째는 "줌"에서 실시간 키워드로 이슈 키워드를 뽑아내는 방법이다.

줌에서는 다음과 같이 검색창 아래에도 키워드가 있지만 오른쪽에는 예전 네이버 다음과 같이 실시간 이슈검색어가 아직 노출이 되고 있다.
줌이 차지하고 있는 검색량은 1~3%이지만 이 역시 무시할 수 없는 굉장한 유입량이다.

줌에서는 이슈성 키워드를 하루 15개까지 뽑아 낼수 있기 때문에 그날의
컨디션에 따라서 하루 1개 이상 3~4개까지도 포스팅을 하는데 도움이 되고 블로그를 운영하면서 키워드 분석과 글쓰는 연습을 충분히 할 수 있다는 장점이 있다.

다음과 줌 포털사이트에서 하루에도 몇 번씩 바뀌는 실시간 이슈 키워드를 보며 매일 하나씩만 잡고 글을 써도 매일 포스팅을 하는데 글감을 찾는데 힘들이지 않을 수 있다.

간혹 황금키워드라고 하여 판매를 하고 있는 경우도 있지만 물론 돈이 되는 황금 키워드가 있을 수 있지만 이미 많은 사람들이 같은 노하우를 구매하고 있다면 더 이상 그 키워드가 황금 키워드 일까 싶다.
포털사이트의 이슈성 글만으로도 충분히 많은 키워드를 창출할 수 있기 때문에 녹사분들이 쓸때없이 돈버리는 행위는 멈추었으면 한다.

- 티스토리 포럼에서 방문자 유입하기 방법

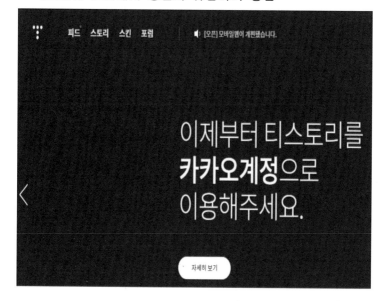

초보자의 입장에서는 기타유입을 이끌어 낼 수 있는 가장 쉽고
확실한 방법으로 티스토리 자체의 포럼을 이용하는 방법이 있
다.

티스토리에도 네이버의 이웃처럼 구독하기라는 기능이 있다.
서로 구독하기 기능은 없지만 서로 구독을 원한다는 메시지를
많은 사람들에게 보일 수 있다.

운영하는 블로그에 구독자가 많이 있을수록 포스팅을 할때마다

많은 사람들에게 알림이 가기 때문에 장기적으로 봤을 때 안정
적으로 트래픽이 유입이 되는 좋은 선순환이 될 수 있다.
또한 보통 구독을 하여 직접 유입되는 경우에는 키워드로 검색
하여 유입되는 경우보다 댓글을 달 확률이 월등히 높다.
'

대답없는 산봉우리의 메아리보다 시장에서 홍보를 하고 답변을
받는 것이 훨씬 재미있는 것과 같은 맥락이다.
물론 트래픽이 높은것도 블로그를 운영하는 재미이지만 서로
질문을 하고 댓글을 달아주며 포스팅을 한 글에 피드백이 실시
간으로 온다면 그만큼 재미있는 일이 또 없을 것이다.

티스토리 포럼에 대해서 설명해보자면,
티스토리 메인 페이지의 왼쪽 상단에 "포럼"으로 들어간다.

전체　블로그 소개　블로그 운영팁　스킨　질문/기타　　　　　　　글쓰기

엘리!　2021.10.15 10.43　질문/기타　　　　　　　조회수 71 · 댓글 6

맞구독하고 소통하는 거 말이에요. ^{hot}

서로 하루 한번씩 광고 눌러 주기 하자는 의미인가요? 광고하나 눌렀다는 표시로 댓글을 다는 식인가요?

그로수　2021.10.15 11.55　질문/기타　　　　　　　조회수 76 · 댓글 2

광고 단가가 떨어진 것 같아요;; ^{hot}

7일전에 20명이 광고 클릭했을때 3.93 벌었는데 어제 33명이 클릭했는데 1.65 이네요;; 계산되는 기

티스토리 포럼으로 들어오게 되면 맞구독을 원한다는 많은 사람들의 글이 게시판처럼 노출이 되어 있다.
해당 블로그로 들어가게 된다면 블로그의 주인에게는 기타유입으로 뜨게 된다.

구독할 블로그를 찾아서 방문했다면 구독하기를 누르고 인상 깊게 읽은 게시물등에 댓글을 달고 맞구독 하러왔다는 메시지를 남긴다면 대부분의 사람들이 역으로 나의 블로그에 구독을 하러 오게 된다.

또한 반대로 나의 블로그를 홍보 할 수도 있다.

글쓰기 부분에 제목과 간단한 내용으로 나의 블로그에 많은 사람들이 방문 할 수 있도록 글을 남기게 되면 꽤 많은 사람들이 나의 블로그에 방문하여 구독을 해주거나 댓글을 남기는 경우가 많다.

이 모든 것은 기타유입으로 꼬리표가 붙어 어느 경로를 통해 트래픽이 유입이 되었는지 모두 확인이 가능 하다.
추후 블로그를 본격적으로 운영하다보면 어느 경로로 나의 블로그에 트래픽이 유입이 되었는지를 매일 분석하고 판단해야 한다.
이러한 데이터를 토대로 어떠한 방향으로 키워드를 잡고 글을 써야할지 판단이 되기 때문이다.

매일 꾸준히 포럼에서 활동을 하며 구독자를 늘려간다면 안정적인 트래픽이 유지 될 것 이다.

- 네이버 지식인에서 방문자 유입하기 방법

이슈글 또는 정보성 글을 꾸준히 쓰다보면 구글, 다음, 줌 등에서 유입이 되지만 30%를 차지하고 있는 구글은 상위노출이 되는 것이 굉장히 어렵고 많은 노력을 기울여야 하기 때문에 처음 시작하는 단계에서는 그림의 떡이라고 할 수 있다.

그렇다면 남은건 무려 60%의 검색량을 차지하고 있는 네이버가 있다.
하지만 네이버는 앞서 언급한바와 같이 네이버블로그 우선정책으로 인하여 네이버의 검색에서는 99% 이상이 네이버블로그만 검색이 된다고 할 수 있다.

정말 핵심적인 정보를 담고 있는 나만의 글이 있다면 네이버에서 유입이 될 수도 있기는 하지만 정말 드문 경우 이다.
하지만 검색량 60%를 차지하고 있는 네이버의 트래픽을 그냥 포기하기엔 너무나 욕심나는 부분이다. 물론 네이버에서 트래픽유입이 불가하다는 말이 아니다. 이론적으로는 불가한거지 방법은 분명히 있다.
바로 네이버의 초창기부터 현재까지도 우선적으로 밀어주고 있는 정책 "네이버 지식인"이다.

네이버 지식인에는 많은 사람들이 질문을 올리고 있다.

지식인 코너에 접속하여 대중이 어떠한 질문들을 하고 있는지 어떤 키워드로 자문을 구하고 있는지 잘 판단하면 된다.

사람들이 궁금해하는 질문에 대한 답을 키워드로 잡고 포스팅을 한뒤 지식인에 해당 질문에 대한 답변은 간략하게 올리고 자세한 내용은 블로그에 있으니 참고하시면 좋을 것 같다라는 말과 함께 블로그 주소를 올려놓으면 기타유입으로 네이버를 통해서도 굉장히 많은 트래픽이 발생하게 된다.

사람 심리적으로 당장 비용이 발생하는 것도 아닌데 내가 궁금해 하는 문제점을 단번에 해결해준다고 하는데 블로그에 방문하지 않을 이유가 전혀 없다.

네이버라는 바다에 지식인이라는 그물을 던져 놓으면 네이버로부터 유입되는 60% 트래픽 전혀 그림의 떡이 아니다.

네이버지식인을 활용한 후킹 작업은 꾸준하고 오랜시간 작업을 해야한다. 많은 사람들이 궁금해하는 질문이 있더라도 동시에 많은 사람들이 각자의 목적에 맞게 답변을 달것이고 사람마다 생각이 다르게 때문이다.

네이버 지식인 후킹 작업이 단시간에 성과가 나오지는 않지만 반대로 오랜시간 꾸준히 네이버라는 바다에서 트래픽이 발생하게 되는 선순환이 될 것이다.

비공개 답변

시민 비공개를 지정 최근답변일 2021.05.20 질문자채택

제가 작년에 동일한 문제로 애드센스 승인에 실패한 후에 도전하여 성공한 노하우를 정리 해놓았습니다.

구글에서 보기에 컨텐츠가 부족하다고 생각이 들면 탈락이 되는것 같습니다.

기본적으로 컨텐츠에 문제는 아닌듯 하고 글자수와 합격이 되는 틀이 있습니다.

아래 링크 참조하시면 될것 같습니다.

애드센스 합격 노하우 공개! 드디어 애드고시...

normal-person-imagination-tistory.com

답변이 마음에 드셨다면 채택 부탁드립니다.

실질적인 예를 들어본다면 아이러니 하게도 네이버지식인의 질문중에는 네이버블로그에서는 연동조차 불가한 애드센스 승인에 관련 검색이 아주 많이 있었다.

해당 내용에 간단히 답변을 해주고 나의 블로그에 와서 참고하는 것으로 유도를 하는 것.

물론 지식인 작업용 포스팅은 정말 양질의 글을 포스팅해 놓아야 한다.
링크를 타고 블로그에 들어왔는데 정말 내용이 좋다면 지식인에 질문을 올린 당사자는 답변을 채택해줄 것이고 나의 티스토리 블로그 링크가 적혀있는 답변은 네이버 지식인에 아주 오랜시간 채택답변이라는 상위로 노출이 되어 있을 것이다.
이는 추후 누군가가 애드센스 승인 관련 검색을 하였을 때 우선순위로 노출이 될 수 있다. 이는 곧 엄청난 트래픽 유입으로 이어질 것이다.

티스토리 블로그를 운영하면서 제일 많이 보아야하는 부분으로는 물론 조회수도 있지만 유입경로를 매일 확인하며 어느 경로로 트래픽이 발생하는지 관찰하고 분석해야 한다.

해당 자료에는 네이버에서는 티스토리블로그가 절대로 노출이 안된다는 말이 있을정도로 극악의 노출수에도 불구하고 네이버를 통해 유입이 되는걸 알 수 있다.

바로 네이버 지식인 후킹 작업을 진행 한 것 이다. 현재에도 필자의 블로그에는 꾸준히 네이버를 통해 트래픽이 유입이 되고 있다.

유입경로의 로그를 클릭해보면 정확히 어느 화면에서 클릭이
되어 트래픽이 발생하였는지까지 추적하여 볼 수 있다.
네이버 지식인에 꾸준히 답변을 올리다 보면 어느새 네이버를
통해서도 많은 트래픽이 발생 할 것 이다.

네이버에서 지식인은 블로그에서 엄청난 경쟁률로 상위노출처
럼 단시간에 사라지는 것이 아닌 몇 달 혹은 몇 년까지도 해당
지식인 질문은 남아 있기 때문에 장기적으로는 필수적인 작업
이라 할 수 있다.

일간 방문수
1,369 ▲726

10 **11** 12 13 14 15

네이버에 비해 티스토리 블로그가 트래픽 유입이 힘들고 하루 100명이 방문하는 것도 힘든게 사실이지만 기본에 충실하여 꾸준히 포스팅을 하고 구독자가 늘어난다면 하루 1000명대 방문 불가능한 사실이 아니다.
분명히 가능한 사실이다.

꾸준한 외부유입을 위한 노력을 하다보면 어느새 꽤 많은 트래픽이 발생하게 되는 것이다.

- 다음에서 상위노출 시키기

앞서 언급한데로 티스토리는 다음에서 운영하는 블로그 플랫폼
이기 때문에 다음포털에서 제일 친화적이고 최우선으로 노출을

시켜주는 블로그 역시 티스토리 이다.

때문에 처음 블로그를 시작할 때 많은 트래픽을 유입하기 위해서는 다음에서의 상위노출이 필수 이다.

다행인 것은 다음에서는 상위노출을 네이버나 구글에 비해서 상대적으로 잘 시켜준다는 장점이 있다.

다음에서 트래픽을 유입하기 위해서는 당연히 이슈성 글이 유입이 잘 되고 있다.

위 내용에서 다음에서 키워드 뽑아내는 방법에 대해 소개하였다.
사실상 다음에서는 아직까지 실시간검색이 허용되고 있기 때문에 이점을 잘 활용하여 하루 한번씩 상위노출을 시켜놓아야 유리하다.

이슈성글은 빠르게 이슈가 되고 그만큼 빠르게 사라지기 때문에 빠른 속도와 글쓰기 감각은 필수 이다.

본 블로그에서는 김용건님의 방송 복귀에 대한 이슈성 글을 포스팅 하였다. 많은 사람들이 김용건 이라는 이름을 제일 많이 입력 할 것이기 때문에 핵심 키워드는 배우와 김용건 그리고 출연할 방송인 그랜파로 잡았다.

난순히 배우 김용건 방송복귀 이러한 숏테일 키워드 보다는 롱테일 키워드로 가는 것이 상위노출에 걸릴 확률이 높아지게 된다.

또한 단순히 제목 으로 하는 것보다는 (+ 추가내용) 식으로 특수문자가 포함되면 상위노출을 위해서는 베스트 이다.
포털사이트는 사람이 블로그를 읽어보고 상위노출을 시켜주는 것이 아닌 AI가 판단을 하여 상위로 노출 시켜주는 것이기 때문이다.

해당 키워드인 김용건 세글자만 다음 검색창에 검색을 했을 때 해당 포스팅을 한 블로그가 3번째에 위치한 것을 알 수 있다.
실시간키워드로 김용건 이라는 키워드가 올라와 있는 동안 필자의 블로그에는 트래픽이 폭발적으로 늘어났다.

4. 티스토리 블로그 다음 최적화 진행하기

디지털노마드를 꿈꾸며 차근차근히 준비를 하며 목표를 정하고 하나하나
이루어나가는 재미가 정말 쏠쏠하다.
마치 어려운 퀘스트를 하나씩 깨나아가는 기분이랄까 처음 블로그를 시작할때에는 어떠한 주제로 글을 써야할지 감도 없었고 보여주기 위한 글을 쓴다는 깃 자체가 굉징히 고통스러웠다.

글을 쓰는것도 힘들지만 하나의 주제로 긴글을 쓰되 컨텐츠 소비자의 입장에서는 지루하지 않고 쉽게 읽히는 글을 써야 정말 좋은 글이라고 할 수 있다.

블로그의 핵심은 물론 꾸준히 좋은글을 많이 올리는 것 이지만 이밖에도 시스템을 이해하고 스킬적인 부분을 익히는 것도 중요한 요소중의 하나인 듯 하다.

처음 블로그를 만들었을때에는 무작정 글만 올리기 시작하니 조회수도 별로 이고 애드센스 승인은 물론 탈락이었다.

처음 시작할때에는 애드센스 승인만 성공한다면 모든 목표가 끝이라고 생각했지만 시작하는 단계였다.

블로그를 공부하다보니 많은 분들이 다음 저품질을 받아서 그동안 애써 키운 블로그가 망하게 생겼다. 조회수가 1,000단위에서 0으로 바뀌었다 어떻게 해야하나 이런 질문들을 많이 보았다.

물론 블로그가 저품질을 받게 되면 다음에서는 아예 블로그가 노출이 되지 않기 때문에 다음 검색량으로 들어오는건 불가하다고 봐야하기 때문에 필히 조심해야하는 부분이다.

하지만 줌, 구글 등에서는 저품질의 위험이 없기 때문에 아예 망작이라고는 할 수 없다. 하지만 당장에 조회수가 뚝 떨어졌으니 멘붕이 오는건 분명한 사실이다.

살면서 보험에 가입하는 것은 필수라고 할 수 있을 것이다.
특별히 무슨일이 날것이라고 걱정해서 보험을 들기보다는 혹시나 하는 마음에 들어놓는 것이다.

보험에 가입이 되어 있다는 사실만으로 마음에 여유가 생긴다.
물론 저품질이 걸리지 않도록 잘 운영을 해야하고 결국엔 저품질이 와도 60%의 네이버, 30%의 구글과 구독자분들로부터 유입이 되는 엄청난 트래픽이 있기에 블로그가 상위랭크에 올라간다면 문제 될것이 없겠지만 그전까진 오랜시간 다음에 의지하여 블로그를 성장시켜가야만 한다.

이렇게 저품질에 대비하여 심적으로 안정을 찾으며 블로그를 성장시키기 위해서는 보험이 필수 일 것이다.
이러한 상황에서 대처할 수 있는 방법은 여러개의 블로그를 미리 만들어 놓고 미리 최적화를 시켜놓는 것이다.
언제라도 본 블로그에 저품질이 오게되면 마음이 너무 힘들다면 이사를 가는 플랜 B가 존재하는 것이니 밀이다.

당연한 말이지만 최적화 블로그가 되어야만 다음에서 상위 노출도 노릴수 있고 조회수가 잘 나오게 된다.

아쉽게도 다음 최적화 블로그를 만드려면 어떻게 해야하는지?
에 대해서는 자세하게 설명해주는 글을 못보았다.

운영하고 있는 블로그가 최적화가 되었는지 확인하는 방법은 간단하다.

위의 사진과 같이 최적화 블로그가 되면 사이트등록이 완료 되어 본인의 티스토리 블로그를 다음 검색창에 조회했을시 통합검색에 사이트 부분에

블로그가 노출이 되어있다면 최적화 블로그가 되어 있는 것이다.

적을알고 나를 알면 백전백승 최적화 블로그를 만드는 것을 스킬적으로 인지하고 있는 것과 포스팅을 하다보니 우연히 최적화가 된 것은 엄청난 차이가 있다.

플랜A와 플랜B를 만들고 실행시킬 수 있느냐 없느냐의 문제이

기도 하다.

본계정인 이 블로그 이외에 여러개의 블로그를 만들어 테스트를 해본봐에 의하여 스킬에 대해 설명해보자면

여러 방식으로 시도를 해보았고 물론 모두 최적화블로그를 만드는데 성공하며 확신이 든 가장 쉬운 방법은 사진도 필요 없이 그져 글 하나만 등록해놓고 기다리면 된다는 것이었다.
거짓말 같지만 진실인 사항이다.

서울 도심속 역사기행기

종로 역사 기행기 시작합니다.

by 지니한 지니한 · 2021. 8. 18. · 수정 · 삭제

서울은 우리나라의 수도 이자 않은 유적지가 있는 곳이기도 합니다.

종로를 정말 많이 좋아했고 또 특이나 경복궁을 많이 견학한 것 같습니다.

우리가 무심코 지나쳤던 종로의 유적지늘블 탐방하고 공유하고자 합니다.

♡ 공감

두번째 사진과 같이 사진 한장 없이 제목과 3줄 정도의 글만 등록해놓고
1달~2달사이가 시간이 지나니 자동으로 다음 블로그 최적화에

성공한 것을 확인 할 수 있다.

본 블로그가 이미 있더라도 시간이 걸리는 부분이기 때문에 여러개의 개정을 만들어 놓고 글을 하나씩 등록하여 최적화 블로그를 미리 여분으로 가지고 있는 것은 당장은 크게 다가오지 않지만 심리적으로 굉장한 안정감을 주게 된다.

5. 티스토리 블로그 저품질이 오는 행동들

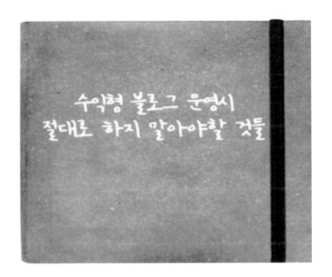

수익형 블로그를 운영하면서 애드센스는 필수라고 할 수 있다.

또한 네이버에 네이버 블로그가 있는 것처럼 애드센스를 달수 있는 수익형 블로그인 티스토리 역시 다음이라는 포털의 하위 개념이라고 할 수 있기 때문에 수익형 블로그를 운영하면서 다음에서 최적화 블로그가 되는것 또한 애드센스를 승인 받는것 만큼 중요하다고 할 수 있다.

하지만 제일 중요한 것은 저품질을 받지 않는 것 이다.
아무리 수익이 많이 창출되는 블로그라 하더라도 다음에서 저품질을 받게 된다면 하루 1000명씩 들어오던 조회수가 한순간에 1000명 -> 100명 -> 10명 -> 1명 -> 0명으로 조회수가 점점 떨어지다가 아예 안들어오는 기이한 현상이 발생 한다.

이때 보통 엄청난 멘붕이 오게 되고 보통 이단계에서 애써 키워오던 블로그를 포기하게 되는 경우가 생긴다.

물론 2차 도메인을 만들어서 문제점을 돌파하는 방법도 있지만 이 역시 다음에서 햅번을 받게 되면 애드센스 계정 자체가 쓸모없어져 버리게 된다.

첫번째 돌파구로는 구글 상위노출을 노리는 것 이다.

구글에서는 최소 1000자 이상의 글을 꾸준히 올리면서 좋은 글 즉 양질의 글을 지속적으로 올려야 상위노출이 가능하다. 물론 이론적으로 그렇다고 할 수 있고 빠르게 또 주기적으로 변경되는 구글의 로직에 맞추어 글을 쓴다고 하더라도 몇 달이 걸릴지 몇 년이 걸릴지는 아무도 모르는 사실이다.

블로그가 저품질을 받더라도 구글에서 상위 노출이 된다면 이와 상관없이 구글을 통해 많은 트래픽이 발생할 수 있다.

구글은 한번 상위 노출이 되면 그 순위가 잘 바뀌지 않는다는 단단한 블로그로 도약할 수 있는 장점이 있지만 그만큼 상위 노출을 하기 위해서는
명확한 방법도 없고 정말 오랜기간 꾸준히 노력을 하는 수 밖에 없다.

때문에 우리는 보통 다음 저품질을 받게 되면 그 블로그를 버리고 새로운 블로그를 만들거나 포기하거나 둘중의 하나의 선택을 하게 된다.

과연 저품질은 왜 오는 걸까?에 대한 많은 질문을 보았고 그에 대한 답변 역시 많이 있어 분석을 해보았다. 저품질이 오는 것에 대한 공통적인 답변들이 있었다.
바로 왜 내가 저품질을 받았는지 이유를 모른다는 것.

이유를 모르고 당하니 정말 억울할 수 밖에 없다. 급하게 다음 고객센터에 문의를 해도 속시원한 답변을 주지는 않는다. 때문에 환장할 노릇 이다.
이유라도 알고 저품질을 받는다면 앞으로 조심이라도 할텐데 편법이 없이 안정적으로 블로그를 운영 했다고 생각했는데 갑작스럽게 저품질이 오게 되면 앞으로 새로 블로그를 키운다고 하더라도 또 저품질이 오겠지? 하는 멘붕의 수렁텅이로 빠져버리게 된다. 이는 곧 다시는 블로그를 할 마음이 생기지 않게 하는 주 원인이기도 하다.

물론 왜 저품질이 걸렸는지에 대해서 소개를 해놓은 여러 선배 블로거들도 있었다. 필자 또한 여러 블로그를 테스트하며 인터넷의 카더라 통신과 많은 브로거들의 답변을 취합하여 저품질이 걸리는 케이스를 정리해 보았다.

첫째 : 기존 블로그의 글을 복사 하여 붙여넣기 한다.

 - 필자는 처음 블로그를 운영할 때 네이버 블로그와 티스토리 블로그 두개를 한번에 운영한 적 있었다. 블로그를 한번에 운영하다보니 네이에 올린 글을 그대로 복사해서 티스토리에 올리곤 했었다.

당연히 남의 글을 퍼온 것이 아닌 내가 쓴 글을 내 마음데로 나의 블로그에 올린다는데 누가 뭐라해? 하는 마음과 네이버, 티스토리 블로그 둘중 어느것을 선택하기 어렵고 빠른시간내에 두 개를 함께 성장시키고 싶은 욕심이 컸다.

이때에 저품질이 온 경험이 있었다. 결국 블로그도 선택과 집중이 필요한 것이다.

둘째 : 포스팅 작성 후 제목 또는 내용을 수정 한다.

 - 이런것으로도 저품질이 걸린다는건 아주 나중에나 깨닫게 되었다.
이때에는 정말 멘붕의 늪에서 빠져나오기가 힘들었던 기억이 난다.

 포스팅을 하면서 내용을 수정하거나 잘하고 싶은 마음에 또는 더 좋은 글을 제공하기 위해 업데이트를 한다는 생각으로 글을 수정하는 경우도 많이 있고 기존의 컨텐츠를 지속적으로 업데이트 하여 많은 사람들에게 도움을 주고 싶다는 선한 마음에서 시작되었지만 중요한 것을 간과 했었다.

블로그의 품질 관리는 사람이 하는게 아니라 AI가 한다는 것.

셋째 : 광고 클릭을 유도한다.

 - 이 경우는 직접 해본적은 없지만 블로그를 공부하며 알게 된 사실 이다. 간혹 블로그를 탐방을 다니다 보면 광고 있는 부분에 화살표로 광고를 유도한다거나 광고를 누르게끔 유도하는 글등이 포스팅 되어 있는 경우가 있다.

이러한 경우 저품질을 받을 가능성이 높아지고 이뿐만 아니라 근본적으로 구글 애드센스 계정 자체가 정지를 받는 최악의 상황이 오게 된다.

사실 좋은 컨텐츠를 소비하려 블로그에 들어왔는데 블로거의 편법 유도에 의해 광고를 실수로 누르게 되어 광고페이지로 넘어가게 된다면 불편한 마음과 함께 괜히 애꿋은 광고하고 있는 제품에 대한 불신만 심어주는 계기가 될 것이고 이는 광고주 입장에서는 비싼 비용을 들였는데 오히려 자사 브랜드에 대한 불쾌함만 심어주는 역효과를 낳는 결과가 생기기 때문이다.

구글은 비용을 지불한 광고주를 보호할 의무가 있기 때문에 아주 치명적인 행위라고 할 수 있다.

넷째 : 자신의 광고를 반복하여 클릭한다.

 - 이 경우는 사실 다음에서 저품질을 받기 보다는 앞서 광고를 유도한 경우와 마찬가지로 애드센스 자체에서 광고가 일정 기간 중단되거나 최악의 상황에서는 애드센스 승인이 취소되는 일이 발생 할 수 있는 경우 이다.

물론 실수로 자신의 블로그를 검색하여 어떻게 나오고 있는지 확인 하는 과정에서 한번정도는 광고를 누를 수도 있지만 왠만하면 자신의 광고를 자신이 누르지 않도록 조심해야 한다.

역지사지로 생각해보았을 때 내가 사업을 하고 있어서 비싼 비용을 지불하고 많은 사람들에게 자사의 브랜드를 알리려고 했는데 블로거가 자신의 광고를 연속으로 눌러 돈은 지불되었는데 사실상 광고를 본 사람이 없는 아이러니한 상황이 되는데 이걸 지켜보고 있을 광고주는 아무도 없다.

다섯째 : 저작권 문제

 - 저작권에 민감한 문제를 다룬다거나 악의적인 글을 반복하여 포스팅 한다면 분명히 문제가 된다.

 또한 이를 문제 삼는다면 무조건 저품질에 걸리게 되오니 조심해야 한다.

사진도 함부로 쓰기보다는 본인이 직접 찍은 사진을 사용하는 게 제일 좋은 방법이고 연애인을 포스팅 하고 싶다면 해당 연

예인의 개인 sns 채널의 사진을 캡처하는 것도 방법 이다.

또한 공인에 대해서 포스팅을 한다면 나쁜내용보다는 칭찬해주는 글을 쓰도록 하자. 누군가가 나에 대해서 알지도 못하면서 카더라통신만 듣고는 악의적인 글을 쓴다면 당신은 얼마나 마음에 상처를 입겠는가?

여섯째 : 금지 키워드를 포스팅한다.

 - 금지된 키워드라기보다는 포털사이트 자체에서 안좋아하는 단어들이 있다.

대표적으로 도박, 성매매, 보험, 저작권 위배 키워드 등등이 있습니다. 사람들에게 유해한 정보를 줄 수 있는 키워드는 시한폭탄 같은 키워드이기 때문에 조심하는 것이 좋다.

일곱번째 : 쿠팡 파트너스를 연동 한다.

 - 페이스북을 보다보면 웃긴 페이지 또는 가십성 글로 순간 궁금증을 유발하는 페이지 등이 많이 있다.

이때 클릭해서 들어가면 사진을 보기 위해서는 마구잡이로 뜨는 쿠팡광고를 off하다보면 결국엔 쿠팡으로 들어갈 수 밖에 없는 상황이 오게 된다.

사실상 포스팅을 읽지 못하게 끔 광고가 무작위로 뜨게 되어 두 번다시는 해당 블로그에 접속하고 싶지 않다는 생각까지 들게 만든다.

이경우에는 100% 저품질을 받게 되지만 아무래도 이런 페이지 운영자는 일부로 따로 이런식으로 운영하는게 아닌가 싶기도 하다.

하지만 이러한 블로그는 언젠간 조회수가 떨어질것이고 롱런 할 수 없다.

블로그는 웹상에 집을 짓는 것이라고 생각하기 때문에 집을 지을때에는 기초공사부터 천천히 해야한다.

편법보다는 안정성 있게 정석적으로 블로그를 키우는 것이 결국 온라인에서 월세를 받는 성과를 얻을 수 있는 것이다.

6. 애드센스 수익화를 위한 PIN번호 발급 받기

애드센스를 시작은 하였는데 매일 열심히 글도 쓰고 감사하게
도 많은 분들이 글을 읽어주시지만 어떠한 방식으로 금액이 올

라가고 또 어떻게 정산을 하는지에 대한 방법을 몰라서 매우 고민이 많았다.

생각보다 블로그에는 초보자의 입장에서 어떻게 하는지에 대한 자세한 설명은 모두 생략이 되어 있었다.

인터넷에 검색을 하면 PIN번호를 입력해야 합니다. 라고는 나와 있지만 어떻게 신청을 하는것에 대해서는 나와있지가 않은 것이다.

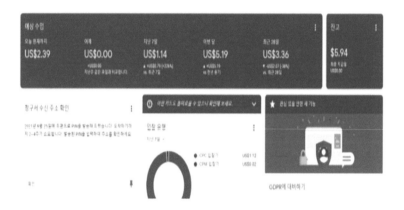

열심히 글을 쓰다보면 어느새 10$에 도달을 하게 된다.
처음에는 오른쪽에 있는 잔고 항목에 10$ 라고 기입이 되어야 PIN번호를 신청할 수 있는줄 알았는데 잔고 + 이번달 금액까지 모두 포함하여 $10가 넘어가게 되면 자동으로 PIN번호가 발송이 되는 시스템 인 것 이다.

발송에는 약 4주 정도가 소요된다고 한다. 하지만 필자는 발송한지 2주만에 집으로 도착했는데 지역마다 다소 차이가 있는 것 같다.

PIN번호는 우편을 통해 집으로 배송이 되기 때문에 애드센스를 시작할때 연락처와 집 주소를 기입하는 란에 본인이 우편물을 수령할 수 있는 곳의 주소를 기입해놓으면 된다.

또한 어제, 지난 7일, 이번달 최근 28일등에는 금액이 산정이 되는데 가장 오른쪽에 있는 잔고에는 계속 0$로 되어 있어서 의아했었는데 그렇게 언젠간 되겠지 하고 포기하고 있었는데 월이 넘어가는 순간 EX) 9월에 시작했다면 10월이 되었을때 자동으로 잔고 쪽으로 전달의 총액이 넘어가게 되었다.

그렇게 전월에는 한달간 $5.94의 수익을 올리면서 다음 월이 되자마자 잔고 항목으로 자동으로 넘어왔다.

주의할점이 하나 있다면 PIN번호가 최초 발송이 된 날짜부터 4개월 안에 PIN번호를 기입하여 인증하지 않으면 애드센스가 자동 취소 되기 때문에 2달이 넘어도 도착을 안한다면 재발행 신청을 꼭 하기를 추천 한다.

정보성글과 이슈성글 등을 매일 1일 1포스팅하며 꾸준히 양질의 글을 올린다면 분명히 수익은 따라올 것이다.

열심히 올리다보면 수익은 어느새 $100를 넘어서게 되고 $100부터 금액을 인출 할 수 있다.
물론 최소가 $100이며 그 이상으로 설정을 해놓아도 무방 하다.

애드센스에서 도착한 우편을 열어보면 6개의 핀번호가 있다.

애드센스 첫 화면에 핀번호 입력란에 번호를 입력하니 정상적으로 입력 되었습니다. 라는 기분좋은 멘트와 함께 완료 메시지가 출력 된다.

그동안 빈칸으로 나와있던 그래서 처음 승인 받았을때 저를 불안하게 했던 돈 모양의 계정 아이콘을 클릭하자 이제는 본인확인 주소확인 완료됨 이라는 멘트가 나오게 되고 지금까지 누적된 금액이 보이게 된다.

이 메시지를 보니 티스토리 계정에 더욱 애착이 가고 키워가는 맛이 있다. 이맛에 블로그를 하는게 아닌가 싶다.

7. 사이트 등록하기

1) 네이버 사이트 등록하기

네이버 검색등록의 정확한 명칭은 네이버 서치어드바이져 이
다.
네이버에 네이버 검색등록 이라고 검색하셔도 되고 정확한 명
칭 네이버 서치어드바이져 라고 검색하여도 된다.

접속을 하였다면 웹마스터 도구 사용하기를 클릭한다. 이어서
아래 사이트 소유확인 창이 뜨게 된다.

블로그 주소를 넣어주고 2번째 HTML 태그를 선택 후 아래 html 코드를 그대로 복사해 준다.

이 메타 코드를 <head> </head>사이에 아무곳이나 넣어주면 완성이다.
html코드 부분은 티스토리 스킨바꾸기 탭을 누르면 오른쪽 상 단에 html코드 라고 버튼이 있다. 코드를 넣었다면 저장하기를 눌러주자.

다시 네이버 서치어드바이저로 돌아와서 소유확인 버튼을 누르면 완료 이다.

2) 줌 사이트 등록하기

줌 검색등록 사이트 등록하는 방법 역시 네이버 사이트 등록과
마찬가지로 간단하다.

위 예시와 같이 사이트 주소와 사이트명 사이트 소개 등록 사
유를 간단하게 적어주면 완료이다.

네이버 사이트 등록과는 다르게 줌은 신청을 하고 몇일의 시간
을 거쳐 심사를 하게 되는데 사이트가 부족하다고 생각이 되면

사이트 등록이 실패하기도 하니 어느정도 글이 쌓이고 나서 신청하는 것을 추천 한다.

8. 구글에서 좋아하는 글쓰기

- 사진 삽입시 alt 태그

alt 속성

위키백과, 우리 모두의 백과사전.
HTML의 img 태그에서 쓰이는 alt 속성은 그림이 렌더링되지 못할 때 나타날 문자열을 지정하기 위한 값이다. 다음과 같은 이유로 사용된다.

그림의 링크가 죽었거나, 인터넷 연결 속도나 품질이 낮다든지 화면이 제한적인 이동형 장비에서 그림을 내려받지 않고 문자열만 보여주기 위해 사용된다.
lynx나 w3m과 같은 텍스트 전용 웹 브라우저에서 사용된다. 텍스트 브라우저들은 일반적으로 그림을 직접 보여줄 수 없으므로 alt 속성에 있는 값을 보여주는 경우가 많다. 그러나 예외적으로 w3m-img는 그림을 직접 보여 준다.

수많은 검색 엔진은 그림에 대한 정보를 alt 속성을 읽어서 얻는다.

시각장애인 등을 위해 문서의 내용을 목소리로 변환해 주는 음성 합성 기술을 이용한 스크린 리더(또는 Text-to-speech) 소프트웨어에서 사용된다.

예를 들어 아래와 같이 사용하면 그림이 표시되지 않는 웹 브라우저에서는 '그림'이라는 문자열이 표시되며 스크린 리더를 이용할 경우 이미지의 URL이나 링크 대신 alt 속성으로 지정한 문구 '그림'이 목소리로 출력된다.

-출처 : 위키백과

구글에서 검색을 했을때 html에서의 alt 태그 속성의 사전적 의미와 기능이다.

티스토리 블로그에 블로깅을 하면서 사진을 넣는것은 양질의 포스팅을 위한 기본이라고 할 수 있다.

하지만 사진을 열심히 넣었는데 검색이 안된다면?? 굉장히 허탈한 일 일 것이다.

예전 티스토리 버전에서는 검색에 잡히도록 간편하게 되었다고 하는데
현재는 티스토리가 개편이 되면서 자동으로 넣는 탭이 없어졌다고 한다.
하지만! 방법이 없는건 아니다. 바로 html 코드로 들어가서 사

진 파일에 직접 alt코드를 삽입하는 방법 이다.

여러 블로그를 찾아보았지만 각 블로그에서의 방식과 기준이
없어서 초보자 입장에서는 너무 헷갈리게 설명이 되어 있다는
것이 현실이었다.

물론 현재로서는 많은 경험을 통해 별거 아니구나 하고 자료를
보면 즉시 적용이 가능하지만 다행히도 초보자때의 기억이 선
명해서 다행이다.
초심자의 눈으로 설명을 해보자면 준비된 사진을 등록 한다.
여기까지는 똑같지만 포스팅 창의 기본모드를 클릭하여 기본모
드에서 HTML 으로 변경하기 위해 HTML을 클릭한다.
단순히 클릭만 하면 모드가 변경이 된다.

HTML 모드로 변경된 포스팅 화면이다.

처음 <P>~~</P>사이에 있는 줄이 바로 사진파일이 들어가있는 부분이다.
이때 빨간색으로 표시 되어 있는 " ||| 큰 다움표와 ||| 사이에 alt="사진명" 을 넣어주면 되는데 아래 사진은 코드를 삽입한 완성 코드 예제 이다.

차이가 보이는가? alt="사진명" 이렇게 넣고 저장 누르면 완료이다.
여기서 사진명이란 이미지 파일의 파일명을 말한다.

예를들어 등록하고자 하는 이미지를 강아지 라고 저장했다면 alt="강아지" 라고 넣어주면 되는 것이다.

구글에서는 사실 alt 태그를 넣어주는 것을 좋은 글이라고 생각한다.
좋은 글이라는 것은 사실 검색엔진의 직원들 즉 사람이 판단하는 게 아닌 AI가 판단을 하기 때문에 사진을 넣었다면 이것이 사진이다 라고 명확하게 표시하게 되면 AI는 더욱 빠르게 글을 판단할 수 있기 때문에 AI의 입장에서 생각한다면 alt태그가 있는 블로그는 가독성이 높은 사진이 있는 좋은 품질의 블로그다 라고 판단하게 되는 원리이다.

> SEO 는 다음 뜻으로 쓰인다.
> 검색 엔진 최적화(Search engine optimization)
>
> 출처 : 위키백과

블로그는 검색엔진의 받침 위에서 구동하는 플랫폼이라고 할 수 있다.
각 검색엔진에서 좋아하는 글쓰기 방식이 다르다.

수익형 블로그를 운영하면서 궁극적으로 구글의 컨텍을 받아야 하기 때문에 구글에서 좋아하는 SEO방식으로 글을 꾸준히 쓰고 포스팅을 하는 것이 굉장히 중요히다.
포스팅을 하는데 있어서 구글에서는 좋아하는 글쓰기는 명확하다.
모두가 잘 아는 나무위키, 위키백과의 글쓰기 형식이다.

또한 사진은 alt태크를 달아주고 사진의 숫자가 적고 텍스트가 많은 것을 좋아한다.
구글의 검색엔진은 블로그의 속도를 가장 중요시 한다.
한 개의 포스팅에 사진이 많을수록 속도는 떨어질 수 밖에 없다.

때문에 사진은 400픽셀 정도로 작게 한 장만 나머지는 텍스트만으로 양질의 글을 써내려가야 한다.
사진자료가 없이 글만으로 정보를 전달하기란 많은 사진자료과 함께 설명하는 것보다 몇배는 힘든 일이다.

하지만 까다롭기 때문에 이뤄 내었을 때 구글에서는 확실한 보답을 해준다.

나무위키, 위키백과의 방식이라 하면 추상적이라고 보일 수는 있지만
나무위키등에 접속을 하여 키워드를 검색하여 글을 읽어본다면 구글에서 좋아하는 seo방식이 어떤 글인지를 명확하게 확인 할 수 있다.

간단히 언급을 해보자면 ~했다. 처럼 문단의 끝에 "."을 붙여주어 문단의 시작과 끝을 명확하게 알 수 있도록 해야한다.

또한 문장이 매끄럽도록 문단을 명확히 나누어 주어야 한다.

문단을 매끄럽게 나누는게 난이도가 있을 수도 있지만 대단한 것을 바라는 건 아니라는 점이다.

9. 저품질이 와도 버티는 철옹성 블로그 만들기

- Google Search Console Sitemaps와 rss 등록하기

처음 블로그를 시작하는 입장에서 구글 서치콘솔을 완벽하게 다루기란 여간 어려운 일이 아닐수 없다.
물론 굉장히 난이도 높은 스킬이 필요한건 전혀 아니다.
그저 생소하기 때문에 어렵다고 느끼는 착각일 뿐이라는 말이다.

앞서 여러번 언급을 했지만 티스토리는 검색 트래픽의 7%를 차지하고 있는 다음에서 운영을 하고 있는 블로그이고 60%의 거대한 트래픽을 차지하고 있는 네이버는 자체 플렛폼 우선노출 정책으로 인해 네이버에서는 노출이 되는 것이 굉장히 어려운게 사실이다.

또한 많은 트래픽이 유도가 되려면 상위노출이 되어야 하는데 다음에서 상위노출은 상대적으로 쉬운 일이지만 쉽다는 것은

그만큼 경쟁자들이 많다는 뜻이기도 하다.

빠른시간내에 상위노출이 되기도 하지만 그만큼 하루만에 또는 몇일만에 다시 상위노출의 자리를 수많은 경쟁자들에게 넘겨줘야하는 불상사가 발생한다.

이에 비해 구글은 상위 노출을 시키기가 정말 어렵지만 한번 상위노출이 되면 매일 글을 올리지 않아도 몇 년이 지나도 꾸준히 상위노출이 된다는 장점이 있다.

여기서 우리는 구글이 검색량 30%의 방대한 트래픽을 가지고 있다는 사실을 기억해야한다.

한번 세워두면 무너지지 않는 철옹성 블로그를 세우기 위해서는 구글의 협조가 절대적이다.
로마에 가면 로마의 법을 따르라는 말이 있다.
마찬가지다 구글의 도움을 받고자 한다면 구글의 요구사항을 분석할 수 있는 구글서치콘솔 활용은 필수이다.

N 구글서치콘솔   ▦ ▾ ◯

통합   VIEW   이미지   지식iN   인플루언서ⓝ   동영상   쇼핑   뉴스   어학사전   지도 ····

클릭

🔖 search.google.com/search_console/about?hl=ko

Google Search Console

구글 사이트 등록, 웹 크롤링, 색인 생성 관리 도구, 사용자 링크, 검색어 트래픽 등 정보 제공.

구글서치콘솔 등록을 알아보자면 포털사이트에 구글서치콘솔을
입력 한뒤 사이트로 접속을 한다.

Google Search Console

Google 검색 실적
개선하기

Search Console 도구와 보고서를 사용하면
사이트의 검색 트래픽 및 실적을 측정하고, 문
제를 해결하며, Google 검색결과에서 사이트
가 돋보이게 할 수 있습니다.

클릭

괜히 복잡해 보이지만 사실 많은 기능을 사용하지는 않아도 된다.

첫 번째로 사이트맵을 클릭한다.

사이트맵 탭으로 들어오면 새 사이트맵 추가 하기가 있는데 사이트맵 url을 입력하는 빈칸에 나의 블로그주소 url을 넣어준 뒤 제출하기를 클릭하면 완료 이다.

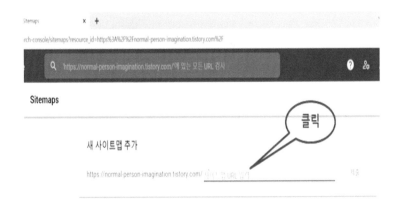

※ 사이트맵 URL 입력 -> /sitemap.xml 입력후 제출 클릭
　　　　　　　/rss 입력후 제출 클릭

/sitemap.xml은 구글 사이트 등록이 완료 된 것으로 구글 로봇이 이제 나의 블로그를 인식한다는 의미이다.
구글에서의 상위 노출을 위해서라면 필수 있다.

적을 알고 나를 알면 백전백승 즉 공략해야할 대상인 구글의 ai에게 내가 운영하고 있는 사이트의 존재를 알리고 구글ai가 불편해 하는 것이 무엇인지 정확하게 판단하는 차트인 셈이다.

 /rss 는 네이버 사이트 등록이 완료 된 것으로 네이버 로봇이 나의 블로그를 인식한다는 의미
rss는 앞서 설명한 네이버 사이트 등록을 완료 한 후 등록을 해줘야 한다.

Google Search Console Sitemaps와 rss 등록으로 구글과 네이버에서 나의 블로그의 존재를 인식하기 시작했고 조건이 된다면 노출을 시켜주게 되었으니 블로그가 성장함에 따라 혹여나 저품질이 오더라도 전체 검색률 60%의 네이버와 30%를 차지하는 구글이 봐주고 있으니 90%의 검색률이 있기에 다음에서 저품질이 오더라도 두렵지 않은 철옹성 블로그가 될 것이다.

흙으로 쌓은 토성에서 돌로 쌓은 석성으로 업그레이드가 되고 있는 과정이라고 할 수 있다.
이제 우리가 할 것은 눈치 보지 않고 양질의 컨텐츠를 꾸준히 포스팅 하는 일만 남았다.

- 구글에 내 블로그가 노출되는지 확인하기

열심히 글을 쓰고 양질의 포스팅을 올리고 많은 정보를 미리 공부하고 도움을 주고자 했어도 구글에서 노출이 안된다면 지금까지의 노력은 수포로 돌아가고 만다.

구글에서 운영하고 있는 사이트가 제대로 노출이 되고 있는지 확인이 필요하다.
장기적으로 본다면 티스토리 블로그가 다음에서 저품질에 걸리는 것보다도 중요한 경우라고 할 수 있다.

체크하기 위해서는 색인생성범위를 클릭한다.

색인생성범위를 클릭하면 위 사진과 같은 url 모음 화면으로 들어오게 된다.

이 url은 블로그에 포스팅이 되어 있는 포스팅의 개별 url이다. 해당 url을 클릭한 뒤 새탭을 누른다면 해당 주소의 블로그 페이지가 열리게 된다.

해당 게시물의 제목을 그대로 복사하여 " " 큰다음표 사이에 넣고 구글 검색창에 검색을 한다.

ex)
"사회초년생의 월급지키기 (+목돈모으기, 코인, 주식, 부동산)"

해당 게시물을 구글 검색창에 검색을 하였을 때 나의 사이트가 노출이 된다면 구글 로직에서 제대로 검색이 되고 노출이 되고 있다는 뜻이다.

다음에서는 사이트 검색이 되는지를 확인 할 때에는 블로그 주소 전체를 넣어서 사이트검색에 걸린다면 저품질인지 아닌지 확인 할 수 있지만 구글은 개별 포스팅을 하나하나 확인을 해주어야 한다.

다행히도 구글에서도 저품질이 걸린다는 경우는 아직까지는 못 보았다. 하지만 애드센스 광고를 부적절하게 활용하는 경우 애드센스 광고자체가 통 누락되는 경우는 있으니 느리더라도 정석적으로 진행을 하도록 하자.

구글 SEO방식으로 꾸준히 글을 쓰며 포스팅을 누적해 간다면 해당 게시물이 구글 상위 노출에 걸리게 되는 날이 꼭 오게 된다.
이때부턴 따로 글을 올리지 않아도 트래픽이 안정적으로 유입되는 황금자판기 블로그가 될 것이라 확신한다.

- Google Search Console을 활용하여 블로그 건강체크 하기

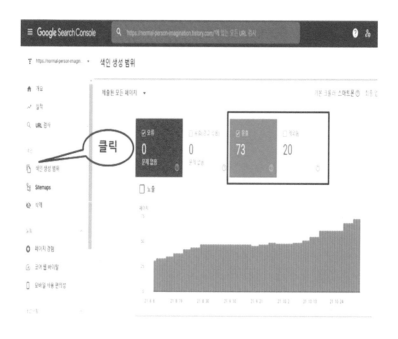

구글 ai에 나의 사이트의 존재를 알리고 인식을 시키는 것이 중요하지만 구글과 현재 운영하고 있는 사이트의 사이가 틀어졌는지 사이가 좋은지를 체크하는 것 또한 굉장히 중요한 일중에 하나이다.

처음엔 구글에서 잘 검색이 되고 있었지만 어느순간 블로그가 구글에서 노출이 안되고 있었다면 이것만큼 허탈하고 큰일도 없을 것이다.

방법을 설명하자면 색인생성범위를 클릭 한다.
제출된 모든 페이지를 클릭 한다.

유효한 페이지와 제외된 페이지 두가지의 합을 확인 한다.
본 블로그는 유효페이지 73페이지와 제외된 페이지 20페이지를 확인 할 수 있다.

유효한 페이지가 제외된 페이지보다 압도적으로 많은 블로그는 굉장히 건강한 블로그라고 할 수 있다.
물론 제외된 페이지가 있다고 해도 문제되는 페이지는 아니다.

하지만 영 찜찜한 일이 아닐 수 없다.
물론 강제로 구글 ai에 인식을 요청하는 방식도 있다.

위 사진의 Google Search Console 색인검색이 되는 포스팅 양이 93이다.

실제로 포스팅을 한 개수가 91개 이다.

두 게시물의 숫자가 근사치에 갈수록 굉장히 건강한 블로그라 고 할 수 있다.

몇 개정도는 중복된 페이지로 나올 수도 있기 때문에 약간의 오차가 있지만 색인검색양과 포스팅의 개수가 너무 많이 차이 가 난다면 문제가 많은 블로그 이므로 구글 로봇에게 해당 게 시물을 찾아 구글 로봇에게 색인 강제 요청을 해줘야 한다.

- 블로그 구글색인 누락 체크하기 및 색인강제 신청하기

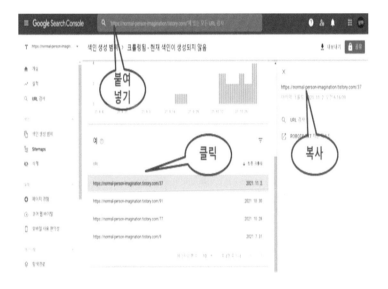

색인생성을 클릭하여 제외된 페이지를 확인 해보자.
아래 각각의 사유로 색인이 생성되지 않았다고 나오는 페이지
가 나오게 된다.

색인이란 구글 로봇이 나의 블로그에 있는 해당 포스팅을 인식
하고 있느냐에 대한 단어라고 할 수 있다.

즉 색인이 생성이 되어 있어야 구글에서 나의 포스팅을 노출시
켜줄수 있다는 뜻이다.

물론 다음이나 네이버와는 상관이 없지만 철옹성 블로그를 만들기 위해서는 우리는 궁극적으로 구글 상위 노출을 노려야 하기 때문에 색인관리는 필히 해주는 것이 좋다.

집을 지어도 시간이 지날수록 시설이 노후화 되고 이는 꾸준히 관리를 해주면 더욱 오랜시간 견고하게 유지가 될 것이다.
블로그 역시 웹상의 집을 짓는 일이기 때문에 같은 맥락으로 꾸준히 관리를 해줘야 한다는 것을 잊지 말아야 한다.

또한 우리에게 광고비를 지급해주는 곳 역시 구글의 애드센스 라는 것을 잊으면 안된다.

색인이 제외된 페이지를 클릭하여 URL주소를 복사하여 상단부 URL 입력란에 입력을 한뒤 Enter를 누른다.

위 설명을 진행하면 google 색인에서 데이터를 가져오게 된다.

구글 색인이 해당 게시물의 url 검사 결과를 가져오면 제외 되어 있다고 나오게 된다.

 이때 색인 생성 요청을 클릭하고 약 2일에서 7일뒤에 다시 확인해보면 아래 사진과 같이 url이 구글에 등록되어 있다고 나오게 된다.

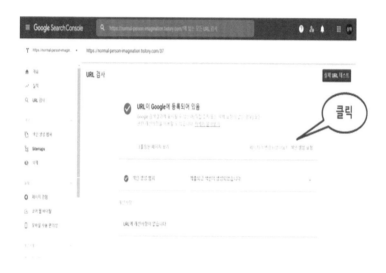

다소 복잡해 보이지만 수익형 블로그를 운영하면서 우리는 구글 콘솔과 색인과 굉장히 친해져야만 한다. 수시로 확인하고 제외된 페이지가 있는지 확인하고 수시로 구글 로봇에 강제로 제외된 페이지의 색인 등록을 요청하여야 한다.

해당 기능은 구글에서 사용자의 입장에서 편의성을 주기 위해 만든 숨은 기능이기 때문에 우리는 적극적으로 활용해야할 필요가 있다.

또한 이를 분석하다보면 어떠한 문제가 있는지 찾아보고 해결하는 재미는 덤이다.

- 블로그 트래픽대비 계속 0원이라면? 문제 해결하기 방법

블로그를 운영하면서 트래픽이 많이 발생하면서 수익이 나다가 어느순간 갑자기 수익이 점점 하락하다가 0원으로 되는 기이한 현상이 생길때가 있다.

인터넷에 아무리 검색을 해도 뭐라고 검색을 해야할지도 모르겠고 너무나 당황스러울 것이다.
어쩌면 블로그에 저품질이 온 것 이상으로 애드센스 승인에 실패했다는 메일을 받은 것 보다도 데미지가 강하게 올 것이다.

저품질이 온것도 아니라서 트래픽은 여전히 많이 나오지만 수익이 0원이라는 것은 애드센스에서 문제가 생긴 것이라고 할 수 있다.

수익형 블로그를 운영하면서 근본적인 문제가 생겼으니 블로그를 계속 해야할지 너무나 고민이 될 것이다.

이런 경우는 블로그가 구글 로직에서 통누락이 된 경우를 의심해 볼 수 있다.

이럴때에는 블로그의 전체 url 주소를 복사하여 Google Search Console에 블로그 전체를 색인요청을 진행 하면 해결할 수 있다.

방식의 위의 제외된 페이지 포스팅을 구글 로봇에 강제 색인요청을 하는 방식과 동일 하다.

매뉴얼화 되어 있는 것은 아니지만 단순하게 생각해보면 트래픽이 그대로 발생하고 광고비가 잘 올라가다가 갑자기 0원으로 되었다는 것은 애드센스에서 문제가 생긴것이라 유추해볼 수 있고 이는 구글 ai에서 색인(사이트 인식)이 잘 안되고 있다는 반증일 수도 있다는 것을 예상 할 수 있다.

때문에 포스팅 누락이 되었을 때 색인요청을 하는것과 동일하게 진행을 하되 개별 포스팅이 아닌 블로그 전체가 누락이 되었기 때문에 블로그 전체를 다시 색인요청을 강제로 요청하는 방식이다.

위 사진자료와 같이 누락이 된 블로그의 전체 url주소를 복사하
여 구글서치콘솔의 전체 검색창에 입력을 한뒤 검색을 해본다.

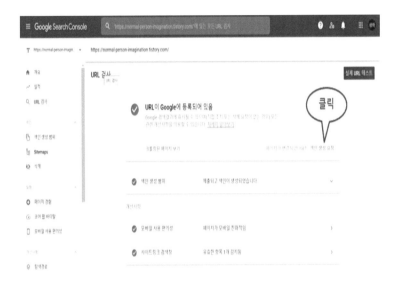

블로그 전체에 대한 색인에 대한 결과가 나오게 된다.

이때 누락이 되어 있다고 나오게 되므로 블로그 전체에 색인요 청을 진행한다.

역시 일주일 후에 다시 확인했을 때 위와 같이 블로그 전체 url 이 구글에 등록이 되어 있다는 녹색불과 함께 나온다면 대성공 이다.

특정할 수 있는 이유는 없지만 블로그가 통누락이 되었다면 반 드시 재등록을 해서 트래픽 대비 세고 있는 수익을 꼭 챙겨야 한다.

무언가를 이루고자 할 때 목표와 성취는 최고의 원동력이 된다.

우리가 수익형 블로그를 운영하는것의 최대 목적은 수익창출이
라는 사실

수익형 블로그는 아주 작은 수익이라도 발생 했을 때 열정을
쏟아 부을 수 있는 원동력이 된다는 사실을 잊으면 안된다.

10. 애드고시 한번으로 승인 블로그 무한생성하기

- 2차도메인 만들기

작년부터 크몽, 클래스101 등을 통해 판매를 하고 있고 종이책으로도 출판되어 판매되고 있는 필자의 "애드센스 시작과 동시에 승인받고 매일 수익 창출 했던 방법"에서 다루고 있는 티스토리 블로그 운영 꿀팁들을 포스팅을 통해 하나씩 공개 하고자 한다.

유튜브나 여러 수익형 강의를 보다 보면 제일 많이 들리는 단어 바로 2차 도메인 이다.

2차 도메인이란 무엇일까? 초보자의 입장에선 도무지 무슨 소리인지 알수가 없다.

전자책에서 다루고 있던 기본 개념부터 2차 도메인을 입히는 방법까지 소개해보고자 한다..

2차 도메인의 기본 개념
2차 도메인이 있다면 1차 도메인이 있고 3차 도메인도 있을 것 이다.

1차 도메인이란 .com, .kr, .jp등 으로 끝나는 도메인을 말한 다. 보통 국가 단위 및 국가 기관 단위로 배분이 된다고 할 수 있다.

2차 도메인이란 우리가 잘 알고 있는 검색엔진인 naver.com, daum.com, google.com, 또한 우리가 현재 사용하고 있는 tistory.com등 이라고 할 수 있다.

그럼 3차 도메인이란 무엇일까? 그것은 바로 현재 우리가 사용하고 있는 티스토리 블로그라고 할 수 있다.

때문에 우리는 새로 블로그를 개설할때마다 애드센스 승인을 다시 받아야 하는 고통이 동반 되고 있는 것이다.

한개의 메인 블로그를 잘 운영 하고 있다면 상관 없지만 오랜 시간 잘 운영을 해오던 블로그가 저품질을 받아 통누락이 된다면? 처음부터 다시 시작하는것도 곤욕이지만 다시 고통스러운 애드고시를 봐야 한다는 사실에 절망하지 않을 수 없을 것 이다.

아마 대부분이 블로그 운영을 즉시 포기하고 다시는 블로그 운영을 할 생각조차 하지 못할 것이다.

하지만 반대로 2차 도메인을 개인이 소유하고
그 2차 도메인에 한번 애드센스 승인을 받아 놓는다면? 어떻게 될까?

아무리 저품질을 받는다고 해도 운영중인 블로그를 버리고 새로 만든다고 하더라도 애드센스 승인을 다시 받을 필요가 없다.

2차 도메인은 한번 승인을 받아놓으면 그 하위 3차 도메인을 계속 생성을 하여도 애드센스 펍코드는 그대로 이어지기 때문이다.
이 사실은 구글에서도 인정하는 부분이기 때문에 전혀 걱정없는 합법적인 승인블로그 복사 방법인 것이다.

실제로 애드센스 고수들은 거의 100% 2차 도메인을 가지고 많은 애드센스 블로그를 운영하고 있다고 해도 무방하다.

정리를 해보자면 우리가 현재 운영중인 티스토리 블로그는 3차 도메인이며 우리가 탑승해있는 버스인 티스토리는 2차 도메인 이라는 점 이다.

있을수가 없는 일이지만 티스토리.com 자체에 애드센스 승인을 받아놓으면 모든 사용자는 티스토리 블로그 개설함과 동시에 애드고시는 안보고 개설과 동시에 애드센스 승인을 받고 시작하는 것과 마찬가지 인 개념 이라고 할 수 있다.

하지만 그렇게 될시 구글에서 티스토리 자체에 제제를 가할 것이고 다음 자체에서도 그러한 행위는 절대로 하지 않을 것이기 때문에 우리가 2차 도메인을 소유하면 된다.

2차 도메인의 예를 들어본다면 2차 도메인을 입힌 티스토리 블로그 normal-person-imagination.com 가 있다고 했을때

2차 도메인 normal-person-imagination.com에 한번만 애드고시를 통과하여 애드센스 승인을 받아놓았다면?

3차도메인리스트를 만든다고 가정했을 때. 아래와 같이

a1.normal-person-imagination.com, a2.normal-person-imagination.com, a3.normal-person-imagination.com를 계속해서 블로그를 개설해도 가입과 동시에 글 한개도 포스팅 하지 않고 애드센스 광고를 모두 송출 할 수 있다.

즉 a1블로그를 운영하다가 저품질이 와서 블로그를 폐쇄하였다면 그대로 a2 블로그를 개설하고 a1 블로그를 운영하며 배웠던 노하우를 통해 a2에도 포스팅을 이어가면서 시작과 동시에 애드센스 광고를 게제할 수 있는 것 이다.

사진을 쓰는 것을 별로 좋아하지는 않지만 설명을 위해 필수로 써야할 경우가 많은 것 같다.

그래서 2차도메인은 어떻게 하는 것인가?
백번 설명하는 것보다 한번 보는 것이 낫다고 한다.

티스토리 블로그의 관리 페이지를 들어가면 제일 아래쪽에 관리 – 블로그 탭을 클릭 한다.

블로그 관리탭으로 들어오면 다시 아래쪽으로 내려보면 개인 도메인 설정 이 있다.

이곳에 발급받은 도메인 주소를 넣고 완료를 누르면 현재 운영하고 있는 티스토리 블로그가
티스토리.com의 하위 도메인인 3차 도메인에서
티스토리.com과 동급으로 볼 수 있는
normal-person-imagination.com이라는 2차 도메인이 되는 것 이다.

도메인 업체는 가비아, 호스팅어, 호스팅.kr등이 있다.

호스팅.kr을 예로 들어본다면 사이트에서 회원가입을 하고 보유한 도메인보기를 누르고 자신이 하위 도메인으로 하고 싶은 도메인을 클리기 한뒤 DNS 설정에 DNS 레코드 설정을 클릭 해준다.

확인을 하면 레코드 설정 추가 탭이 나오게 된다.

서브도메인에는
(   ).normal-person-imagination.com 2차 도메인이 된 주소의 . 앞 ( )안에 넣을 단어를 넣어 준다.

레코드타입은 별칭(CNAME)으로 해주고 IP주소 / 레코드 값은 (host.tistory.io)라고 기입한 뒤 우선순위는 10으로 설정 해준다.

그럼 (aa).normal-person-imagination.com 라고 만들었다고 가정했을때 해당 url 주소를 2차도메인을 입히려고 했던 티스토리 블로그의 관리자 페이지에 위 사진의 url주소를 넣는 곳에 넣어주면 2차 도메인 블로그가 완성 되었다.

위 블로그는 안전하게 운영을 하도록 하고 공격적으로 운영을 하고자 하는 블로그는 새로 만들어 사이트 개요를 누르면 2차 도메인 승인 받은 내역이 나오게 된다.

 해당 내역에서 오른쪽 밑에 화살표를 누르면 "세부정보 표시"가 나온다.

다시 "하위 도메인 추가" 를 누르면 새로 생성한 하위 도메인 주소를 새로 넣는 칸이 나온다.

이렇게 여러개의 3차 도메인 블로그를 생성 할 수 있고 애드센스 승인 한번만 받아 놓으면 여러개의 블로그를 동시에 광고 송출 을 할 수 있는 발판이 마련되었다.

11. 애드센스 승인거절시 대응방안

- 승인실패를 승인성공으로 100% 치환하는 방법

보통 애드센스 승인 받는 방법에 대해서만 많은 관심이 있는 것 같다.

물론 승인받는 진짜 노하우 등은 일반적으로 알려지지 않고 전자책 및 유료강의 등에서만 배울 수 있는 고급정보이기도 하다.

Google AdSense

애드센스용 [████]d.tistory.com' 사이트를 제출해 주서서 감사합니다

사이트를 검토한 결과 안타깝게도 지금은 사이트에 광고를 게재하실 수 없습니다. 사이트에 광고를 게재하기 전에 해결해야 할 문제가 있습니다.

자세한 내용은 계정의 사이트 페이지를 참고하세요. 아래 동영상에서 세부정보 및 신청 관련 팁을 확인하실 수 있습니다.

Get Your Site Approved

▶ Watch video

사이트를 검토한 후 업데이트해 주시기 바랍니다. 검토 및 업데이트가 완료되면 다시 검토를 요청하실 수 있습니다. Google 전문가가 사이트의 프로그램 정책 준수 여부를 검토할 것이므로 정책 미준수 문제를 모두 해결하시기 바랍니다.

애드센스 승인 받는 방법에 대해서는 알지만 왜 승인거절이 되는가에 대해서는 대부분이 별다른 고민을 하지 않는다.

지피지기면 백전백승 적을알고 나를 알면 백번 싸워 백번 모두 이긴다고 했다.

하지만 구글 ai는 세계최고의 인터넷 서치 로봇이다. 또한 구글의 로직은 빠른 시간내에 빠르게 변화하고 있기 때문에 현재 비싼 금액을 지불하고 구해한 애드센스 승인 필승법이 언젠가는 사용불가한 정보가 될수도 있다는 뜻이다.

빠르게 변화하는 구글 로직에 대응하기 위해 승인실패의 사례 대표적으로 2가지를 분석 해보았다.

첫 번째 거절 메시지 이다.

"사이트가 다운되었거나 사용할 수 없습니다. "

우리가 애드센스 승인신청을 하게 되면 구글 로봇은 신청한 사이트에 방문을 한다. 하지만 원천적으로 사이트에 구글로봇이 접근을 못하는 경우 이다.

물론 개인적으로 서버를 구매하여 워드프레스나 사이트를 별도로 구축하여 사용한다면 서버가 닫혀 있을 수도 있으니 그럴수도 있지만 보통 우리는 티스토리를 사용 한다. 물론 티스토리는 1년 365일 24시간 언제나 열려 있다.

우리가 따로 신경 쓸 방법이 없다. 또한 신경 써줘야 할 이유 또한 없다.

이경우는 images/robots.txt 가 없거나 외부사이트 차단코드 가 있는 경우 라고 할 수 있다.

이유를 모르겠지만 애드센스 승인 신청을 한
티스토리 페이지에 robors.txt파일이 없으니 만들어주거나 차단 코드를 삭제하면 깔끔하게 해결 될 일이다.

해결방법에 대해서 설명해보자면

티스토리 편집모드로 들어가 면 robors.txt를 찾는다.

user-agent;
Allow:/

user-agent/:*
Disallow:/ 가 있는 경우가 있다.

Disallow:/ 는 사이트 보안을 위해 외부 접속을 차단하는 코드 이기 때문에 지우고   Allow:/ 만 남겨두고 저장을 누르면 해 결 완료 이다.

또한 아예 robors.txt 파일이 없는 경우에는 메모장에

user-agent;

Allow:/

만 쓰고 저장을 하여 티스토리 편집창에 tobots창에 들어가서 추가하기로 올려주면 완료 이다.

마지막으로 필수적이진 않으나 그래도 구글 로봇이 조금이라도 더 빠르게 사이트를 인식하고 다시 접근하기 쉽도록 구글서치 콘솔에서 처음 사이트 등록을 위해 했던 rss 등록을 지워주고 다시 등록 해주는것이 좋다.

구글 로봇에게 사이트를 새로 정비했으니까 다시 와주렴 하는 것이다.

등록을 지워주는 것은 rss를 클릭시 우측 상단의 사이트맵 삭제를 하면 지워 진다.

다시 rss를 처음부터 다시 신청을 해주면 완료 이다.

첫 번째 사례 같은 경우는 큰 문제가 없다면 바로 승인이 날 것이다.

다행인 것은 컨텐츠가 부족하거나 하는 문제가 아닌 시스템적인 문제 이다.

위와 같은 사례는 거의 발생하지 않지만 만약 발생했는데 위 해결방법을 모르고 계속 재신청만 한다면 백날해도 승인이 안 되 좌절만 하게 될 것이다.

다음은 가장 많이 승인거절 메시지가 날라오는 두 번째의 경우
이다.

"가치있는 인벤토리 : 콘텐츠가 충분하지 않음"

첫 번째 경우는 티스토리 사이트에 카테고리가 너무 많은데 카
테고리마다 글이 몇개 없는 경우 또는 0개인 경우 이다.

처음 애드센스 승인을 위해서는 카테고리 한개만 만들고 한가
지 주제로만 글을 올리는 것이 좋다.

티스토리 블로그를 개설하자마자 승인을 받고 시작하는 방법을
안다면 처음부터 전략적으로 진행을 하겠지만 대부분의 분들은
잘 모르기 때문에 열심히 여러 카테고리를 만들고 글을 쓰고
어느 카테고리는 글이 0개 또는 1개만 있는 상태로 열심히 승

인신청을 하는 경우도 있다.

이때 위와 같은 거절이 되면 블로그를 재정비 해야한다.

카테고리를 최소한으로 줄이고 글이 적은 카테고리는 과감하게 삭제 한다. 그 후 글 1~2개만 더 작성후 바로 승인 신청을 한다.

두 번째 경우는 보험, 대출등 약관을 넣는 경우에는 너무나 많은 사람들이 비슷하게 등록을 하여 일부를 복사 에 걸려 유사문서를 발행한것으로 나와 승인에 실패할 경우 이다.

같은 내용이라도 변형을 하는 것에 따라 새로운 문서가 될수도 있고 유사문서가 될수도 있다.

물론 고단수의 변형의 기술을 접목한 글쓰기로 승인을 받아 낼 수는 있겠지만 굳이 힘든 주제로 머리아플 이유가 없다.

세 번째 경우 이다.

저품질로 인해 새로 블로그를 이사할 경우 내가 운영했던 블로그를 폐쇄하고 새로운 블로그로 글을 옮겼을때에도 모두 유사문서로 남는 경우 이다.

만약 저품질이 걸려 사이트를 새로 진행을 하고자 한다면 티스토리에서 기존 사이트 폐쇄를 진행하고 구글 검색에서 오래된 콘텐츠 삭제에 들어가서 url를 새요청으로 폐쇄를 신청하고 네이버, 구글, 다음 검색창에 폐쇄한 사이트의 url를 입력하여 내가 기존에 쓴 글들이 하나라도 뜨는지 확인 했을때에 모든 검색엔진에 기존의 블로그의 글이 안뜰시에 새로 등록 및 이사를 해야 한다.

필자는 내가 올린 글이라도 웹상에 남아 있는지 먼저 확인 할 것 같다.

네 번째 경우는 내가 등록한 글의 url 주소를 구글서치콘솔에 검색을 해보고 색인요청이 잘 되어 있는지 확인하고 안되어 있는것이 있다면 하나하나 색인 생성 요청을 진행을 하여 구글 로봇이 나의 사이트를 쉽게 확인 할 수 있도록 해줘야 한다.

물론 승인거절시 바로 재신청을 해도 상관은 없지만 위와 같이 문제점을 해결해준다면 바로 다시 승인이 날 가능성이 높아진다고 할 수 있다.

12. 수익상승을 위한 방법 실전편

– 티스토리 서식을 활용한 수동광고 코드 넣기

처음 티스토리 블로그를 시작하면서 시작과 매달 100만원씩 부수입을 벌어들이는 행복한 상상에 의욕이 넘쳐나곤 한다. 때문에 애드센스 승인만 받으면 바로 수익이 굉장히 많이 나오겠지 하는 막연한 기대를 하기도 한다.

애드센스는 구글에서 나의 개인 블로그에 구글광고를 송출할 수 있도록 권한을 주는 플랫폼 이다.

구글에서 운영하는 애드센스 플랫폼에서 가장 중요하고 우선적으로 생각하는 것이 광고주의 권익 보호이다.

때문에 애드센스 승인을 아무한테나 내주지 않기 때문에 극악의 난이도를 자랑 하는 것이다.

 물론 많은 카더라 통신도 있지만 실제로 구글 로직에 통하는 필승법은 전자책 등을 통해 비싼 금액을 형성이 되어 있다.

필승법이 있다고 하더라도 역시나 많은 노력이 필요한 것도 사실이다.

여러 플랫폼에 애드센스 승인 대행을 해주고 40만원이라는 거금을 받는 이유중의 하나이기도 하다.

그렇게 애드센스 승인을 힘겹게 짧게는 2주 길게는 6주 그이상 포기했다가 다시 도전하고 하다보면 1년은 금방 지나가게 된다.
막상 애드센스 승인에 성공을 하였지만 더 큰 난관이 있었다는 사실을 깨닫게 된다. 바로 수익이 0원이 유지가 된다는 점

그렇게 한달 두달 시간이 지나면 열심히 포스팅을 하지만 광고도 분명히 송출이 되고 있는데 수익이 전혀 발생을 하지 않으니 역시 블로그로 돈을 벌기란 말이 안되는 것이었구나 하는 의구심 마저 들게 된다.

여기서 포기를 하거나 끝까지 나와의 싸움을 시작하는 사람으

로 나눌 것 이다.

길을 알고 제대로 가는 것과 길을 모르고 무작정 걷는것에는 분명한 차이가 있다.

수익창출이라는 하나의 목표가 있다면 그 목표까지 가는데 있어서 정확한 지도가 있다면 빠르고 정확하게 목표에 도달 할 수 있을 것 이다.

물론 이번에도 역시 개인적으로 노력여부에 따라 달라지는건 분명 하다.

물론 양질의 포스팅과 많은 사람들이 궁금해 하는 정보성 포스팅이 바탕이 되어야 하지만 수익의 극대화를 위해서는 결국 광고클릭률 즉 CTR을 늘리는 것이 최고의 방법 이다.

애드센스 승인을 처음 성공하게 되면 보통 자동광고를 달게 된다.

지금까지 포스팅한 내용에 수정작업이 없이 자동으로 광고를 일괄적으로 송출 할 수 있기 때문에 편리하기도 하지만 기존의 포스팅에 일일이 광고 코드를 심어주는 것은 다음에서 저품질이 올 확률이 매우 높아지는 위험한 행동 이다.

이제부터 우리가 새로이 작업하는 포스팅에는 자동광고 이외에 적절한 위치에 부분광고를 심어주어 포스팅을 보는 독자로 하여금 광고를 클릭하게끔 합법적으로 유도하는 것 이다.

여기서 골자가 되는 것은 포스팅의 내용과 연관된 광고가 나오게끔 광고를 최적화 하는 것과 적절한 위치에 클릭을 할만한 위치에 광고를 정확하게 심어주는 것 이다.

여기서 조심해야할 행동이 있다. 바로 포스팅의 내용은 얼마 안되는데 부분광고만 연달아 5개를 넣는 등 광고를 남발하는 것은 저품질 및 구글의 펩번을 받을 수 있고 블로그 이탈률만 높이기 때문에 굉장히 조심해야 하는 행동 이다. 부분 광고는 중간중간 적절히 넣는 것이 광고 클릭율을 높이는 지름길 이다.

부분광고를 넣는 방법에 대해서 차례로 설명 하자면

애드센스 페이지로 로그인을 한다.
"광고"탭을 누르고 "개요"탭을 누른다.

광고탭을 누르고 개요를 누르면 나오는 페이지의 모습 이다.
여기서 "광고단위기준"탭을 누른다.

개요

사이트 기준   광고 단위 기준   전체 설정

신규 광고 단위 만들기

기존 광고 단위

"광고단위기준" 탭을 누르면 22년 6월 07일 기준
5개의 광고 단위 만들기 탭이 나온다.
여기서 "디스플레이 광고" 탭을 누른다.

"디스플레이 광고" 탭을 누르면 나오는 화면 이다.

생각보다 별거 없지만 괜히 어려운 화면인 듯 착각이 들기는 하는 듯 하다.

제일 먼저 내가 부분광고를 심을 부분에 코드를 넣을 때 구분을 하기 편하게 제목을 지어 준다.

광고단위이름지정 으로 쓰여있는 부분이 광고코드 제목을 넣는 부분 이다.

필자의 경우에는 부분광고투입코드 라는 제목을 지었다.

제목을 쓰고 오른쪽 하단의 "만들기" 버튼을 클릭 한다.

광고 작성이 완료되었으니 이제 코드를 추가하세요

HTML	AMP

페이지의 **<body></body>** 태그 사이에 광고 단위 코드를 복사해서 붙여넣으세요.

광고를 게재할 위치에 이 코드를 추가하세요. 이 작업을 모든 페이지에서 각 광고 단위에 대해 수행하세요.

```
<script async src="https://pagead2.googlesyndication.com/pagead/js/adsbygoogle.js?client=ca-pub-51511
    crossorigin="anonymous"></script>
<!-- 테스트 부분광고 심기 -->
<ins class="adsbygoogle"
    style="display:block"
    data-ad-client="ca-pub-5151136060673708"
    data-ad-slot="5376086190"
    data-ad-format="auto"
    data-full-width-responsive="true"></ins>
<script>
    (adsbygoogle = window.adsbygoogle || []).push({});
</script>
```

코드 복사

보통은 몇 분이면 광고가 페이지에 표시되지만 경우에 따라 최대 1시간이 소요될 수 있습니다. 자세한 내용은 코드 구현 가이드를 참조하세요.

완료

만들기를 누르면 나오는 화면 이다.

위에 보이는 html 코드가 우리가 포스팅을 할 때 본문의 중간 중간에 광고를 심을 수 있는 부분광고 코드 이다.

여기서 "코드 복사"를 클릭하고 "완료" 버튼을 누른다.

이름		최종 수정일 ↓				
테스트 부분광고 심기 5376086190	디스플레이	오후 6 59				
중간광고 자동형 6838342721	콘텐츠 내	2022년 1월 19일				
부분하단광고 8334121757	디스플레이	2022년 1월 18일				
광고시작 9029632732	디스플레이	2021년 7월 30일				
사각형 3106086743	디스플레이	2021년 7월 29일				

완료 버튼을 누르게 되면 너무나도 간편하게 부분광고코드가
완료 되었다.

 물론 광고의 형태는 5가지가 있기 때문에
내가 원하는 형태의 광고를 연달아 만들어놓고
필요 할 때 마다 간편하게 사용이 가능 하다.

만들어놓은 코드는 아래 목록에 나오게 된다.
처음 애드센스 승인을 받고 자동광고로 설정을 하게 되면 아래
와 같이 광고 목록은 비워져 있는 것을 볼 수 있다.

이제 원하는 위치에 부분광고를 심을 수 있는 기본적인 조건이
완료 되었다.

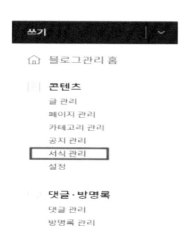

포스팅을 할때마다 매번 애드센스 페이지에 들어가서 코드를 복사하기에는 너무 불편하고 시간도 많이 소요가 된다.

다행히도 티스토리 자체적으로 서식으로 광고코드를 설정해놓고 포스팅을 할 때 html모드로 변경하지 않고 일반모드에서도 원하는 위치에 코드를 심을 수 있다.

바로 서식 기능 이다.
티스토리로 돌아가서 관리모드로 들어 간다.

관리모드를 들어오면 왼쪽 바에 "콘텐츠"를 클릭 하고 "서식관리"를 클릭 한다.

서식관리 2

서식쓰기 ✐

☐ 삭제

검색 Q

중간광고 반응형

배루다   2022.01.19 13:15

본문 중간광고 넣기

배루다   2022.01.19 10:58

1

서식관리를 누르면 아무목록이 없다.

현재 필자의 서식관리에는 이미 애드센스 부분광고 작업이 완
료 되어 있기 때문에 목록에 리스트화 되어 있는 것 이다.

오른쪽 상단에 "서식쓰기"를 클릭 한다.

본문2 · 기본서체 ·   **B** *I* U̶ T̶ **T.** T   ☰ ☰ ☰ ☰   66 ☺ ⊞ ⊘ ≔ — …   **기본모드**

기본모드
마크다운
HTML

서식

제목을 입력하세요

서식쓰기를 클릭하면 나오는 화면 이다.
처음 시도를 해보는 독자에게는 일반적인 포스팅 글쓰기 화면
이 나와서 의아해 할 수 있다.

다행히도 정확히 진행을 하고 있다고 말해주고 싶다.

해당 화면이 나오면 오른쪽 상단에 "기본모드"를 클릭 한다.

"HTML"을 누르면 서식관리에서 일반모드에서 html 모드로 변
경이 된다.

html모드로 변경시 화면이 바뀌는 것을 알 수 있다.

이곳에 애드센스 광고코드 복사하기 누른 것을 본문에 붙여 넣기를 한다.

애느센스 화면에서와 마찮가지로 부분광고고드임을 확실히 인식 할 수 있도록 제목도 설정을 해주도록 한다.

서식 관리 2   서식 쓰기 ✎

     삭제   검색 Q

     중간광고 반응형
     바루다   2022.01.19 13:15

     본문 중간광고 넣기
     바루다   2022.01.19 10:58

                              1

애드센스 부분광고를 티스토리에서도 서식으로 설정이 완료 되었다면 아래와 같이 목록이 나오게 된다.

이제 포스팅을 하면서 내가 원하는 위치에 광고를 심을 수 있는 기본 셋팅이 모두 완료 되었다.

실제로 부분광고를 심는 방법 이다.

위 화면은 일반적으로 포스팅을 하기 위한 화면 이다.

제목과 포스팅을 입력하고 광고를 심을 위치를 선정 힌뒤 중간 중간에 서식을 누르면 부분 광고 코드가 자동으로 들어가는 것을 볼 수 있다.

처음 서식이 어디 있는지 찾기가 어렵긴 하지만 생각보다 간단하다. 바로 기본모드 탭 옆에 *** 점 세 개가 있는 아이콘을 클릭하면 서식 탭이 나오게 된다.

- 단가 낮은 광고 제외 하기

앞서 언급한바와 같이 포스팅을 열심히 하고 광고를 적절히 심어 광고클릭율을 높게 하였어도 광고의 단가에 따라 수익률이 달라지기도 한다.

이유는 같은 광고라도 광고의 단가가 다르기 때문이다.

한번의 광고 클릭을 하였지만 어떤 광고는 1,000원이 수입이 될 수 있고 어떤 광고는 클릭을 해도 10원의 수입이 될 수 있다.

광고클릭율을 높이는것도 중요하지만 기왕 클릭 한번 할때마다 광고의 단가를 높여 수익을 높이는 것은 필수 이다.

이를 위해서는 광고송출 최적화를 진행해야 한다.
또한 최적화되고 연관된 광고가 송출이 된다면 기왕이면 단가가 높은 키워드를 선점해 포스팅을 한다면 자연스럽게 단가가 높은 광고가 노출이 될 확률이 높아 지게 된다.

우리가 원하는 광고만을 심을 수는 없지만 합법적으로 이를 유도할 수는 있다.
우선 광고를 최적화 해보도록 해보자.

부분광고코드를 만들때와 마찮가지로 역시 애드센스 페이지로
들어온다.

"차단관리" 탭을 누르면 현재 애드센스 승인을 받은 모든 사이
트가 노출 된다.

필자는 현재 3개의 애드센스 승인 블로그를 운영중이므로 3개
만 나오고 있다.

광고 차단은 승인받은 각각의 블로그마다 광고 최적화를 진행
할 수도 있고 전체적으로 최적화를 진행 할 수도 있다.

애드센스 광고는 주기적으로 최적화를 진행해주어야 하기 때문
에 각각의 블로그를 따로 진행하는 것은 매우 비효율적 이다.

우리는 프로 n잡러 로서 효율적인 시간으로 빠르게 부수입을
올려야 하기 때문이다.

필자는 모든사이트를 한번에 광고 최적화하는 것을 추천하고
있다.

본문으로 돌아가서 차단관리에 "모든 사이트"를 누른다.

브랜드에 적합한 광고가 설정되어 있는지 확인하기

이 도구를 사용하면 사이트에서의 광고 경험을 최적화할 수 있습니다.

광고주 URL	민감한 카테고리	캘리포니아주 소비자 개인 정보 보호법 (CCPA)
개인 광고주의 광고 차단	사이트에 게재되는 광고 중 잠재고객에게 가장 적합한 유형 관리	캘리포니아에 거주하는 사용자 데이터 처리 제한을 사용 설정하는 방법에 대해 알아보세요
광고주 URL 관리	민감한 카테고리 관리	CCPA 설정 관리
EU 사용자 동의	일반 카테고리	광고 네트워크
개인 맞춤 광고 또는 개인 맞춤이 아닌 광고 중에서 선택하고 사용자의 동의를 구하는 메시지 추가	보다 일반적인 광고그룹을 차단합니다 이러한 경우 수익이 감소할 수 있습니다	브랜드에 적합하지 않은 타사 광고 네트워크 차단
EU 사용자 동의 관리	일반 카테고리 관리	광고 네트워크 관리

광고 게재하기
사이트에 특정 유형의 광고가 게재되는 것을 차단

모든 사이트를 누르면 나오는 페이지 이다.

모든 사이트에서 수정을 하면 승인을 받은 모든 사이트의 광고

최적화가 일시적으로 적용이 된다.

일반 카테고리"의 일반 케테고리 관리를 클릭 한다.

카테고리를 누르고 들어오면 위 화면과 같이 페이지가 노출이
된다.

광고노출비숭(%) 시난 30일을 클릭하면 광고 노출 대비 수입
비중이 정렬이 되어 나타나게 된다.

건강 (65)	⑦ 9.6%	0.2%	0 / 65	허용됨 ⬭
미용 및 생활건강 (17)	⑦ 8.9%	4.3%	0 / 17	허용됨 ⬭
직업, 교육 (12)	⑦ 6.3%	8.1%	0 / 12	허용됨 ⬭
여행, 관광 (23)	⑦ 4.6%	1.3%	0 / 23	허용됨 ⬭
음식 및 밤문화 (7)	⑦ 4.3%	2.4%	0 / 7	허용됨 ⬭
스포츠, 피트니스 (24)	⑦ 4.3%	3.7%	0 / 24	허용됨 ⬭
인테리어, 조경 (27)	⑦ 3.8%	0.4%	27 / 27	차단됨 ⬤

광고 노출이 낮은 광고가 많이 송출이 된다면 애써 광고클릭율을 높였더라도 노력대비 광고수입률은 매우 낮게 나오게 된다.

또한 노출이 높더라도 노출대비 수입비중이 낮은 카테고리가 있다면 이 역시 노력대비 광고 수입률이 매우 낮게 나오게 된다.

이를 방지하기 위해 노출율이 낮고 클릭율도 낮은 광고를 모두 차단 하고 클릭률이 높은 광고만으로 나의 블로그에 광고를 올리게 하여 클릭율도 높이고 클릭율 대비 수익률도 높일 수 있게 된다.

광고 최적화에는 클릭율과 노출율도 중요하지만 단가가 높더라도 티스토리 블로그는 주로 국내사용자가 방문을 하고 영어권에서 내가 운영하는 블로그에 방문하여 정보를 검색해볼 가능성은 매우 희박하다고 할 수 있다.

또한 한국어로 된 광고도 CTR이 낮은데 영어로 나오는 광고의 클릭률은 더욱 낮아 진다.

때문에 영어로 된 광고는 모두 차단을 하여 나의 블로그에 한 글로 된 광고만 송출이 되도록 광고 최적화를 하는 것 역시 매우 중요 하다.

이번에도 "차단관리" 탭으로 들어간다.
"광고 심사 센터"를 클릭합니다. 클릭하면 여러 가지 광고 배너가 있는 페이지로 넘어오게 된다.

이번에도 "차단관리" 탭으로 들어 간다.

"광고 심사 센터"를 클릭합니다. 클릭하면 여러 가지 광고 배너가 있는 페이지로 넘어오게 된다.

상단 가운데 검색창을 클릭하면 아래 리스트가 나오게 된다.
이중 언어를 클릭 한다.

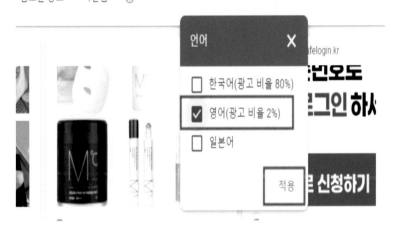

언어를 클릭하면 송출하고 있는 애드센스 광고 중 적용되는 언어의 비율이 나타나게 된다.

랜덤으로 출력이 되고 있는 광고에서 영어로 된 광고가 출력되는 것을 원천방지하기 위해 2% 내외인 영어 광고를 모두 차단하기 위해 영어를 클릭 후 적용을 클릭 한다.

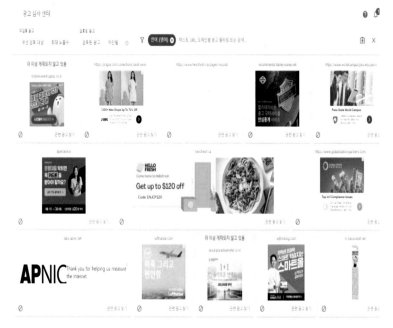

겨우 2% 내외이지만 꽤 많은 영어로된 광고 배너가 나오는 것을 알 수 있다.

한 개의 광고를 출력하더라도 클릭율을 조금이라도 더 높이기 위해 영어로 된 광고 배너의 왼쪽 하단의 차단아이콘을 클릭한다.

현재 출력되고 있는 애드센스 광고 목록 중 영어로 된 광고를 모두 차단 하였다.

막상 차단을 하고 보니 영어로 된 광고가 꽤 많이 송출 되고 있는 것을 확인 할 수 있다.

두가지의 작업을 통해 애드센스 광고 최적화가 완료 되었다.

13. 1일 1포스팅의 의미와 중요성

- 첫째 : 수익형 블로그 롱런을 위한 트레이닝

수익형 블로그를 운영하면서 가장 중요한 것은 무엇이라고 생각하는가?

제일 먼저 블로그를 개설하고 애드센스 승인을 받는 것이라고 생각할 것이다.

우리는 앞의 내용에서 애드센스 100% 승인 받는 법에 대해서 공부 하였다.

애드센스를 승인 받기 전에는 애드센스만 승인 받는다면 목표가 모두 이루어졌다. 또는 이제 유명 블로거들처럼 월 50만원 100만원씩 벌면서 직장에서의 월급과 부수입으로 금방 부자가 될 환상에 빠지게 된다.

하지만 애드센스 승인을 받은 우리는 이제 수익형블로그를 시작하는 출발선에 선것이라고 할 수 있다.

애드센스 광고비를 지급하는 기준은 크게 광고를 클릭하는 CPC와 노출수 즉 트래픽에 따른 광고비인 CPM등이 있다.

물론 광고주의 요청에 따른 CPA방식도 있지만 이런 방식은 자칫 잘못했을 경우 애정을 가지고 힘들게 성장시킨 블로그가 한순간에 저품질이 올 수 있기 때문에 번외로 봐야 한다.

우리가 수익형 블로그를 운영하면서 안전하게 수익을 올리기 위해서는 CPC와 CPM을 주력으로 노려야 한다.
 즉 트래픽을 최대한 높여야 수익으로 연결될 수 있다는 뜻이다.

트래픽=조회 수 이다. 우린 보통 가게에 물건을 보러 갔을 때 제품군이 적게 있으면 방문조차 하지 않는다.

시간은 한정되어 있는데 귀한 시간을 내어 제품을 보기 위해 여러 가게를 방문하기 보다는 한곳에 많은 것들이 모여있는 대형 백화점이나 스타필드 등에 사람들이 굉장히 많이 모이는 것도 같은 맥락 이다.

많은 사람들을 나의 블로그에 방문하게 하고 또 오랜시간 체류하게 만드려면 우선 많은 양의 포스팅 개수가 있어야 한다.

물론 포스팅도 대충 1~2분만에 인터넷에 있는 내용을 복사 붙여넣기 해서는 우연히 들어왔다가 바로 퇴장하고 다시는 방문을 하지 않을 것이다.
너무나 소중한 예비고객들을 모두 등돌리게 하는 행위 인 것이라고 할 수 있겠다.
물론 저품질이 오는 것은 덤 이다.
개수도 많아야하지만 양질의 내용을 포스팅해야 우연히 방문했던 고객도 다시 방문하고 자꾸 오고 싶은 블로그가 되는 것이다.

처음 블로그를 시작할땐 열정이 너무 넘친다.
과유불급이라고 했던가 과하면 안하느니 못하다는 뜻이다.
마치 육체미소동처럼 하루에 3포스팅 4포스팅까지 진행하고 열정을 불사른다.

하지만 대부분이 작심3일로 끝나거나 노력 대비 바로 효과가 나지 않아 지치기도 하고 어느새인가 이젠 뭘 포스팅해야하지? 등의 소재고갈등의 여러 가지 문제에 직면하게 된다.

우린 평소에 글을 쓰면서 돈을 버는 프로 작가가 아니다.

순식간에 흘러가는 생각을 잡아 정리를 하여 글로 표현한다는 행위 자체가 굉장히 어렵고 어색한 행위 이다. 잘못된 것이 아닌 아주 자연스러운 현상이라는 뜻이다.

이 때문에 글쓰기 근육을 키워야 한다.
하루에 1개씩 30분~2시간까지도 공을 들여 양질의 포스팅을 올려야만 한다.
물론 처음이기 때문에 이렇게 한다고 효과가 있을까? 이렇게까지 했는데 안되면 어떻게 하지? 노력한게 수포로 돌아가면 어떻게 하나 하는 고민에 휩싸이게 된다.

현대그룹의 창립자 정주영 회장의 유명한 어록이 있다.
"이봐 ~ 해봤어?"
그렇다 시작도 전에 고민하는 것이야 말로 가장 경계해야할 대상 1호이다.
실패하더라도 실패한데로 경험치가 쌓이고 있는 것이다.
전혀 손해보는 행동이 아니다.

물론 수익형 블로그를 운영하기로 마음먹고 시작한 당신은 이미 상위 1%의 디지털노마드인 이다.

밥을 먹을때에도 첫술에 배가 부르지 않다. 여러번 먹어야 배가 부르다.
이미 블로그 강의는 유튜브나 전자책 등을 통해 넘쳐나고 있다.
하지만 그걸 꾸준히 진행하는 사람은 많지 않다.

1일 1포스팅을 진행하면서 글쓰기 근육을 키우다 보면 어느샌

가 글을 쓰는게 크게 힘들지 않다고 느끼는 내 자신을 보게 되
는 신기한 경험을 하게 될 것이다.

– 두 번째 : 검색엔진 로직에게 눈도장 찍기

다음, 네이버, 구글, 줌 등 검색엔진의 로봇 즉 로직에게 내가
운영하는 블로그가 열심히 활동하고 있다는 사실을 보여줘야
한다.

방대한 트래픽을 유도하기 위해서는 각 검색엔진에 상위노출이
되어야 한다. 검색엔진 로직은 수시로 변경이 되기 때문에 상
위노출이 쉽지 않다.
기본적으로 로직이 내 블로그를 자주 인식해야 상위 노출에 유
리 하다는 것은 변하지 않는 사실이다.

앞서 언급한바와 같이 구글은 상위노출을 한번 시키기 위해선
몇 달에서 몇 년까지 걸리지만 한번 상위노출이 되면 잘 내려
가지 않는다는 장점이 있다.
다음에서는 구글에 비해서는 상위노출이 쉽지만 그만큼 금방
상위노출에서 내려갈 수도 있다.

또한 블로그를 최적화 하는데 아주 중요하다고 볼 수 있다.
앞의 내용에서 블로그 최적화 하는 방법을 정리하였지만 로직
은 수시로 변경 되기 때문에 한번 최적화를 시켰더라도 지속적
으로 유지를 해줘야 합니다. 다이어트를 하는 것보다 다이어트
를 성공한 이후 유지하는 것이 더욱 중요한 것처럼 말이다.

가장 중요한 지속적인 트래픽 유입니다.
블로그에 보통 양질의 글이 200개 이상 글이 쌓였을 때 비로
소 안정적으로 트래픽이 모이는 것을 알 수 있다.

유튜브 등에서 굉장한 수익을 올리고 있다고 영상을 올리는 대형 블로거들은 포스팅의 개수가 최소 1000개 이상 있다는 것을 명심해야 한다.

우리에게 중요한 것은 얼마나 빠르게 포스팅 개수를 채우는 것이 아니라 꾸준히 오랜시간 컨텐츠를 쌓아가는 것 이다.

블로그는 웹상에 짓는 집이라고 할 수 있다.
또한 온라인 마케팅을 하고자 할 때의 베이스캠프 라고 할 수 있다.
집을 짓는데 빠르게 완공만 한다면 날림공사가 될 것이다.
블로그도 마찮가지고 탄탄하게 기초공사부터 천천히 해야한다.
집을 짓는 기초 재료가 철골구조라면 블로그를 키우는데 기초 재료는 꾸준함과 글을쓰는 근육 이다.

- 세 번째 : 마인드 컨트롤

이미 글쓰기가 직업인 기성 프로작가들도 새로운 작품을 집필할때면 굉장히 고통스럽다고 한다.
괜히 창작의 고통이라는 말이 있는게 아닌 것이다.

물론 우리는 일상에서 카톡, 문자, 이메일, 보고서 등을 쓰면서 매일 수많은 글을 쓰고 일기를 쓰기도 한다.
여기서 중요한건 보고서를 아무리 많이 써도 상사의 눈에는 만족스럽지 않다. 매일 깨지기 일수 이다.

친구들과 연락을 할때에는 똑같이 글을 쓰는 행위이지만 전혀 고통스럽지 않다 즐겁기만 하다.
답장이 오기를 기다리기도 한다.
일기를 쓸때에도 고통스럽지 않다.
여기서 큰 차이점이 있다. 대화를 하기 위한 글과 나 혼자 보기 위한 글을 쓰는것과 누군가에게 보여주기 위한 글을 쓰는 것에는 많은 차이점이 있다는 점이다.

블로그 포스팅 역시 불특정 다수에게 보여주기 위한 글쓰기 이다.
1일 1포스팅을 열심히 유지하다가 어느정도의 궤도에 오르기 전에 힘들어서 또는 너무 바빠서 몇일 빼먹다보면 참 편안 하다.
매일 익숙하지 않은 글을 쓰면서 머리가 참 아팠는데 안하게 되니 참 편하고 이게 익숙해져 버린다.

이렇게 그동안 노력한 것이 아깝게도 글쓰기 근육이 생기기 전에 다시 0으로 돌아가 버린다.

글쓰기 근육은 고무줄과 같아서 탄성이 굉장하다.

끝까지 당겼다고 생각했는데 어느순간 더 이상 당기는게 너무 힘이 든다.

그래서 놓아버렸더니 너무 편하지만 다시 원형으로 돌아가 버린다.

블로그에 글을 쓰는게 더 이상 힘들지 않고 숨을 쉬듯이 편안하다 라고 느낄수는 없지만 쓰고자 하는 주제가 있을 때 힘들어도 완성을 지을 수 있는 글쓰기 근육이 제대로 생길때까지 1일 1포스팅을 진행하는 것을 강조 한다.

결국엔 나의 경험이 되고 글부자가 되는 길목으로 가는 길이다.

- 나는 블로그에 글을 쓰고 구글에서 매일 광고비를 받기로 했다.

블로그는 그저 일기장과 같다고 생각했었다.
대학시절 컴퓨터 공학을 전공 하였는데 전공 특성상 공부한 내용을 종이에 펜으로 기록하는것에는 한계가 있었다.

컴퓨터로 파일의 형태로 기록을 해두는 것이 공부한 소스가 제대로 구동이 되는지 판단 할 수 있었고 방대한 양의 소스코드를 일일이 기록하고 찾아보는데에도 문서로 기록을 하는 것이 용이했다.

언제 어디서든 동일한 공간에 기록을 하고 자료를 찾아 보기 쉬운 플랫폼 바로 블로그 였다.
개인적으로 보기위한 글을 써왔고 블로그의 트래픽 유입에 대해서는 큰 관심이 없었다.
블로그로는 돈을 벌수 없다고 판단했다.

유명 유튜버들의 블로그로 돈을 번다는 성공사례를 보며 심장이 오랜만에 두근두근 했다.
개인 블로그로 돈을 번다는 상상 정말 현실인것인가?
의심으로 가득했지만 수익인증을 하는 유명 유튜버들의 영상을 보며 믿지 않을 수 없었다.

누구나 할수 있는건 아니라 다시 단념했다.
이미 블로그는 레드오션이라 판단했다.
적어도 블로그로 돈을 벌어들이는 사람들은 대단한 사람들이고 나는 해도 안될거라 단념했다.

다른 각도에서 보니 포기하지 않고 꾸준히 하면 그건 실패가 아니지 아니라고 판단했다. 당장 돈이 드는것도 아닌데 시도해 보지 않을 이유가 없었다.
쉬는날에 퇴근하고 게임을 하고 TV를 보기보단 보여주기 위한 글을 써보기로 했다.

코로나 시국 이후 벌써 2년 코로나가 가져온 언택트 세상에서 온택트 세상으로 넘어가는 이 시점에서 개인의 자격으로 세계 최고의 기업중 하나인 구글로부터 달러를 벌어들이는 행위 이 자체가 결국 애국이 아닐까?

내집 한 채 마련하기도 힘든 지금 꼭 집 2채를 소유해서 월세 30~40만원 받는것만이 완성된 삶일까?

돈이 없으면 내가 직접 집을 짓고 월세를 받으면 되는게 아닐까? 발상의 전환을 해보기로 했다.
집을 짓는데 전문 시공업체가 진행을 해도 2년이상의 시간이 절대적으로 필요하다.
엄청난 인건비와 재료비 시공비등은 당연 덤이다.

그렇다면 혼자만의 힘으로 재료값과 시공비 인건비 모두를 절약하고 집을 지을 수는 없을까?

물론 예전에도 가능했지만 코로나가 앞당겨온 온택트 세상에 웹상에 집을 짓는 것은 어떨까?

웹상에 집을 짓고 전세계 웹상의 맹주이자 공룡기업인 구글에게 임대를 하고 매월 월세를 받는 상상을 해보았다.
충분히 해볼만한 도전할만한 가치가 있었다.

충분히 가능성이 있다 투자할 만한 가치가 있다는 판단을 내렸다.
과거와 현재 똑같이 가능하지만 다른점이 있다면 유튜브의 발전과 많은 컨텐츠의 발전으로 정보가 넘쳐난다는 것.
블로그를 수익형으로 전환하는데 많은 고민을 하고 공부를 했다.
꾸준히 공부를 하며 작지만 지금은 매일 구글로 부터 달러를 벌어드리고 있다.

당장 큰 금액을 벌어들이는게 중요할지도 모르겠다.
확실하게 말할 수 있는건 우리가 살면서 구글로부터 달러를 받아들이는 일은 정말 드물다고 할 수 있다.
구글에게 무언갈 제안하고 수익을 창출 하는 것은 불가능에 가깝다. 하지만 웹상에 집을 짓고 이를 임대한다면 평생 구글로 부터 부동산에서 들어오는 월세만큼의 수익을 창출 하는 것 절대 불가한 상상이 아니다.

물론 많은 구독자분들과 많은 사람들과 소통을 하는 것은 덤이다.